**Même si vous ne le lisez pas, partagez-le !**
Aurore Zanetti

**Même si vous ne le lisez pas, partagez-le !**
Aurore Zanetti

> Même si vous ne le lisez pas, partagez-le !

**Même si vous ne le lisez pas, partagez-le !**
Aurore Zanetti

© Aurore Zanetti, 2025
Édition : BoD · Books on Demand, 31 avenue Saint-Rémy,
57600 Forbach, bod@bod.fr
Impression : Libri Plureos GmbH, Friedensallee 273,
22763 Hamburg (Allemagne)
ISBN : 978-2-3225-0451-0
Dépôt légal : Janvier 2025

**Même si vous ne le lisez pas, partagez-le !**
Aurore Zanetti

**Même si vous ne le lisez pas, partagez-le !**
Aurore Zanetti

**Bienvenue dans cet ouvrage, conçu pour être bien plus qu'un simple livre.**

Il est un espace d'exploration, de réflexion et de transformation : un compagnon bienveillant pour chaque étape de votre voyage intérieur. Dans ces pages, vous trouverez des mots pour apaiser, des idées pour inspirer et des outils pour agir.

**Structure du Livre : Une Carte de Cheminement Intérieur**

Ce livre est organisé en thématiques, chacune dédiée à un défi ou une expérience universelle que nous traversons tous : la peur, les échecs, les regrets, ou encore l'amour et les conflits. Chaque thème s'articule autour de **plusieurs paroles inspirantes**, soigneusement sélectionnées pour résonner avec vos émotions et éveiller une réflexion profonde.

Pour chaque parole inspirante, vous découvrirez une **analyse détaillée**. Nous y explorons son sens global, son impact psychologique, ainsi que les processus émotionnels qu'elle active. Ces analyses, rédigées avec soin et empathie, sont des miroirs pour mieux comprendre vos propres expériences et émotions.

Afin de transformer ces réflexions en actions concrètes, **chaque analyse se conclut par des conseils pratiques**. Ces suggestions vous offrent des outils simples et accessibles pour intégrer les enseignements dans votre quotidien. Ils sont pensés pour s'adapter à votre rythme et vous accompagner dans vos progrès, étape par étape.

**Comment Utiliser Ce Livre**

- **Un Voyage à Votre Rythme** : Parcourez les chapitres dans l'ordre qui vous appelle. Ce livre n'a pas besoin d'être lu comme une histoire linéaire. Laissez votre cœur choisir le thème qui résonne avec votre état d'esprit du moment.

**Même si vous ne le lisez pas, partagez-le !**
Aurore Zanetti

- **Un Dialogue Intérieur** : Prenez le temps de méditer sur chaque parole inspirante. Laissez ses mots s'imprégner en vous, puis plongez dans l'analyse pour en explorer les significations profondes. Prenez des notes ou écrivez vos réflexions si cela vous aide à mieux assimiler ce que vous ressentez.
- **Une Invitation à l'Action** : Testez les conseils pratiques qui accompagnent chaque analyse. Choisissez ceux qui vous parlent le plus, mettez-les en pratique, et observez les petits changements qu'ils peuvent apporter à votre quotidien. Même les gestes les plus simples peuvent enclencher des transformations significatives.

**Un Souffle de Bienveillance**

Ce livre est votre refuge. Il ne juge pas, ne presse pas, ne dicte pas. Il vous accompagne simplement, avec douceur, comme un murmure réconfortant dans les moments de doute ou une lumière douce dans les périodes d'obscurité. Chaque parole inspirante, chaque analyse et chaque conseil pratique est là pour vous aider à avancer avec sérénité et confiance.

**Une Invitation à la Transformation**

Lisez ces pages comme on écrit une lettre à soi-même : avec patience et amour. Ensemble, les paroles inspirantes, les analyses, et les conseils pratiques forment une mosaïque d'idées et de pratiques. Ce livre est une clé pour explorer vos forces, dépasser vos défis et écrire votre propre histoire, pleine de lumière et d'espoir.

Merci de me faire l'honneur de vous accompagner dans ce voyage. Ce livre est désormais le vôtre, et j'espère qu'il saura être un guide fidèle et réconfortant.

Avec toute ma bienveillance,

*Aurore Zanetti*

**Même si vous ne le lisez pas, partagez-le !**
Aurore Zanetti

**Même si vous ne le lisez pas, partagez-le !**
Aurore Zanetti

# Sommaire

| | |
|---|---|
| **ÉVEILLER L'ÉTINCELLE** | **11** |
| **DANSER AVEC LES OMBRES** | **35** |
| **L'ART DE GUIDER** | **47** |
| **FLEURIR APRES L'ORAGE** | **71** |
| **LE MIROIR DE L'EXISTENCE** | **89** |
| **L'HARMONIE DES ÂMES** | **113** |
| **LES FRACTURES DE L'ÂME** | **131** |
| **SE LIBERER DES ÉPINES** | **155** |
| **LA LUMIERE INTERIEURE** | **183** |
| **LA VALSE DES ÉMOTIONS** | **213** |
| **L'ÉCLAT DE LA BIENVEILLANCE** | **247** |
| **L'ÉQUILIBRE DU DON** | **259** |

*Même si vous ne le lisez pas, partagez-le !*
Aurore Zanetti

**Même si vous ne le lisez pas, partagez-le !**
Aurore Zanetti

# Éveiller l'Étincelle

*Même si vous ne le lisez pas, partagez-le !*
Aurore Zanetti

Quand vous n'arrivez pas à vous motiver.

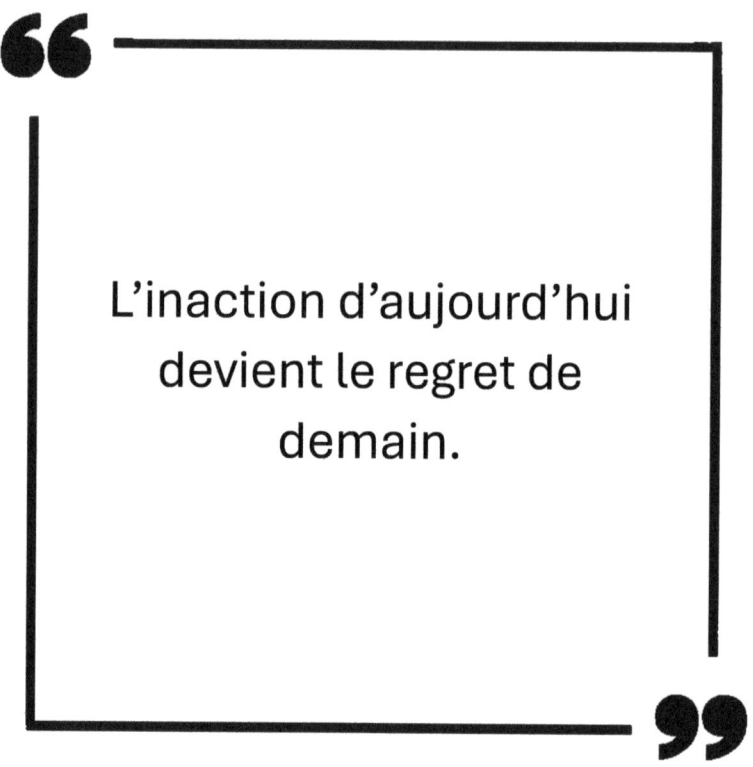

L'inaction d'aujourd'hui devient le regret de demain.

Cette parole inspirante est une invitation puissante à la réflexion et à l'action. Elle exprime une vérité universelle sur la temporalité et les conséquences de nos choix (ou non-choix). Chaque jour, les décisions que nous repoussons ou les opportunités que nous laissons passer s'accumulent pour former des regrets qui pourraient peser lourdement sur notre conscience future.

**Analyse globale**

- *L'inaction* : Symbolise l'immobilité face aux situations exigeant un choix ou une action. Elle peut être due à la peur, au doute, ou au confort d'une routine établie.

- *Le regret* : Un sentiment intense d'amertume ou de tristesse lié à ce qui aurait pu être fait ou changé, mais qui est désormais hors d'atteinte.

- *Aujourd'hui et demain* : Ces termes représentent le passage inévitable du présent au futur. Ils rappellent que le temps est irréversible et que chaque moment compte.

**Analyse psychologique**

- Cette parole inspirante joue sur la prise de conscience du temps limité. Elle active une partie de notre cerveau liée à l'anticipation et à la projection dans l'avenir (cortex préfrontal), nous incitant à réfléchir à ce que nous voulons éviter : les regrets.

- Elle évoque également la gestion de la procrastination, souvent liée à des émotions comme la peur de l'échec ou le perfectionnisme.

### 3. Processus cognitifs et émotionnels

- *L'anxiété du futur* : Penser à ce que nous pourrions regretter crée un sentiment d'urgence, mais peut aussi déclencher une anxiété paralysante si elle n'est pas bien gérée.
- *La satisfaction différée* : Agir aujourd'hui pour obtenir des bénéfices à long terme nécessite de dépasser l'attrait du confort immédiat.

### Conseils Pratiques

1. **Identifiez vos priorités**
   - Faites une liste des actions importantes mais non urgentes que vous repoussez régulièrement. Classez-les par ordre d'impact sur votre futur.

2. **La règle des 5 secondes**
   - Lorsque vous sentez l'hésitation à agir, comptez mentalement de 5 à 1 et forcez-vous à vous lancer immédiatement dans la tâche.

3. **Un petit pas chaque jour**
   - Divisez une grande action en micro-étapes. Même un progrès minime chaque jour éloigne le regret. Par exemple, au lieu de dire "Je vais écrire un livre", commencez par 15 minutes d'écriture.

4. **Visualisez les conséquences**
   - Prenez un moment pour imaginer votre futur si vous n'agissez pas aujourd'hui. Comment cela affecterait-il votre bien-être, vos relations ou vos aspirations ?

5. **Pratiquez la gratitude proactive**
    - Chaque soir, notez une action que vous avez faite, aussi petite soit-elle, et pour laquelle vous êtes reconnaissant envers vous-même. Cela crée un sentiment d'accomplissement et vous motive à continuer.
6. **Fixez une deadline**
    - Donnez-vous des échéances précises pour les tâches importantes et partagez-les avec un ami ou un mentor pour vous rendre responsable.

**Inspiration Finale**

Souvenez-vous que chaque jour est une page blanche. En choisissant d'agir, même modestement, vous écrivez une histoire dont vous serez fier demain. Écoutez cette phrase comme une invitation à embrasser l'imperfection de vos actions et à avancer, car c'est dans le mouvement que réside la croissance.

Quand tout semble difficile.

> La paresse murmure des excuses, mais la discipline crie des victoires.

Même si vous ne le lisez pas, partagez-le !
Aurore Zanetti

Cette parole inspirante illustre un contraste puissant entre deux forces opposées dans la vie de chacun : la paresse, qui retient, et la discipline, qui élève. Elle décrit un combat intérieur universel et met en lumière l'impact durable des choix entre l'immobilisme et l'effort.

**Analyse globale**

- *La paresse murmure des excuses* : La paresse est discrète, insidieuse. Elle se manifeste par des justifications qui nous semblent logiques, mais qui ne sont que des mécanismes de défense pour éviter l'effort.

- *La discipline crie des victoires* : Contrairement à la paresse, la discipline est bruyante dans ses résultats. Ses fruits sont visibles : succès, confiance en soi, et satisfaction durable.

**Analyse psychologique**

- *Excuses et auto-illusion* : Les excuses générées par la paresse créent une illusion de confort, mais renforcent souvent des sentiments de stagnation et de culpabilité.

- *Triomphe de la discipline* : La discipline active le système de récompense à long terme dans notre cerveau. Chaque petite victoire augmente la dopamine, renforçant la motivation à continuer.

**Processus cognitifs et émotionnels**

- *Paresse* : Associée à la procrastination et au biais de court terme, où l'on préfère une gratification immédiate (repos, distraction) au détriment d'un gain futur.

- *Discipline* : Repose sur la régulation émotionnelle et la planification, exigeant une conscience accrue des bénéfices à long terme et un effort constant pour dépasser les moments de faiblesse.

**Conseils Pratiques**

1. **Identifiez vos excuses récurrentes**
   - Notez chaque fois que vous vous surprenez à formuler une excuse. Posez-vous ensuite la question : *"Cette excuse est-elle vraiment valable ou est-ce la paresse qui parle ?"*

2. **Adoptez une mentalité de micro-victoires**
   - Divisez vos objectifs en petites étapes. Chaque accomplissement, même modeste, est une victoire qui alimente votre discipline.

3. **Planifiez à l'avance**
   - Créez une routine quotidienne. Le matin, listez trois actions clés à réaliser. Commencez par la plus simple pour générer un élan.

4. **Utilisez une récompense différée**
   - Promettez-vous une récompense après avoir terminé une tâche importante, comme un moment de détente ou une activité que vous aimez.
5. **Visualisez votre succès**
   - Imaginez les victoires que la discipline peut vous offrir : un corps en meilleure santé, des projets accomplis, une meilleure estime de soi. Cela motive votre cerveau à prioriser l'effort.
6. **Entourez-vous de modèles inspirants**
   - Passez du temps avec des personnes disciplinées ou lisez des témoignages de réussite. Leur énergie influencera positivement votre état d'esprit.
7. **Pratiquez l'autoréflexion**
   - Le soir, prenez quelques minutes pour noter ce que vous avez accompli et ce que vous pourriez améliorer. Félicitez-vous pour chaque petit progrès.

**Inspiration Finale**

Souvenez-vous que chaque victoire, aussi petite soit-elle, est un cri de discipline qui résonne dans votre avenir. La paresse peut sembler douce, mais elle ne construit rien. Choisissez la discipline, car elle est le fondement de vos plus grandes réussites. Aujourd'hui, posez une pierre de plus à l'édifice de votre vie, et demain, vous entendrez l'écho de vos triomphes.

**Même si vous ne le lisez pas, partagez-le !**
Aurore Zanetti

Quand vous procrastinez.

> Ce n'est pas le manque de force qui nourrit la paresse, mais le manque de vision.

Cette parole inspirante explore une idée fondamentale : la paresse n'est pas une simple question d'énergie physique ou mentale, mais souvent le résultat d'une absence de clarté ou de direction. Elle met en lumière la puissance de la vision dans la motivation et l'action, en suggérant que la source réelle de l'inaction réside dans le manque de sens et d'objectifs.

**Analyse globale**

- *Le manque de force* : Représente une excuse souvent avancée pour justifier l'inaction. En réalité, ce n'est pas l'énergie qui manque, mais l'envie d'agir.

- *La paresse* : Elle est alimentée par une absence de but clair ou d'inspiration. Quand on ne sait pas où aller, on préfère ne pas bouger.

- *Le manque de vision* : La vision est le moteur qui donne un sens aux efforts. Sans une image mentale claire de ce que l'on veut atteindre, l'énergie reste dispersée ou stagnante.

**Analyse psychologique**

- *La vision comme guide* : Avoir une vision claire active les zones du cerveau liées à la motivation (système limbique), en particulier lorsque cette vision est émotionnellement engageante.

- *L'effet de la confusion* : Lorsque les objectifs sont flous, le cerveau entre en mode d'évitement pour économiser l'énergie mentale nécessaire à la prise de décision.

- *Le cercle vertueux de la clarté* : Une vision forte donne un sens aux petites actions, transformant même les tâches ardues en étapes significatives vers un but plus grand.

**Processus émotionnels et cognitifs**

- *La peur de l'échec* : Sans vision claire, on peut redouter de se tromper, ce qui nourrit la paralysie mentale.
- *La gratification immédiate* : L'absence de vision favorise la recherche de plaisirs immédiats, car le futur n'apparaît pas comme suffisamment motivant ou tangible.
- *L'engagement émotionnel* : Une vision bien définie suscite un enthousiasme qui alimente l'énergie et l'endurance nécessaires pour avancer.

**Conseils Pratiques**

1. **Créez une vision inspirante**
   - Prenez le temps de réfléchir à ce que vous voulez vraiment dans la vie. Écrivez une description détaillée de votre idéal dans des domaines clés : carrière, santé, relations, développement personnel.

2. **Transformez vos visions en objectifs concrets**
   - Décomposez votre vision en étapes réalisables. Par exemple, si votre vision est de devenir écrivain, commencez par écrire 200 mots par jour.

3. **Visualisez votre succès**
   - Chaque matin ou soir, imaginez-vous en train d'atteindre votre vision. Ressentez la joie et l'accomplissement qui en découlent pour renforcer votre motivation.

4. **Passez à l'action, même petite**
   - Identifiez une action minime que vous pouvez accomplir chaque jour. Le simple fait de bouger dans la bonne direction brise l'élan de la paresse.

5. **Trouvez votre "pourquoi" profond**
   - Posez-vous la question : *Pourquoi est-ce important pour moi ?* Un "pourquoi" fort agit comme un levier émotionnel puissant pour surmonter les obstacles.

6. **Reformulez vos pensées**
   - Lorsque vous vous sentez paresseux, remplacez la pensée : "Je n'ai pas la force" par "Je vais clarifier ce que je veux et avancer un pas à la fois."

7. **Entourez-vous d'inspirations**
   - Lisez des biographies, regardez des vidéos inspirantes ou côtoyez des personnes qui ont une vision forte. Leur énergie et leur détermination peuvent renforcer votre propre clarté.

**Inspiration Finale**

La paresse n'est qu'un nuage qui masque le soleil de votre potentiel. En cultivant une vision claire et captivante, vous dissipez ce brouillard et permettez à votre force intérieure de s'exprimer pleinement. N'attendez pas que les circonstances parfaites se présentent : commencez à construire dès aujourd'hui la vision de la vie que vous désirez. Le premier pas, même petit, est le début de toutes les grandes réussites.

Quand êtes en situation d'échec.

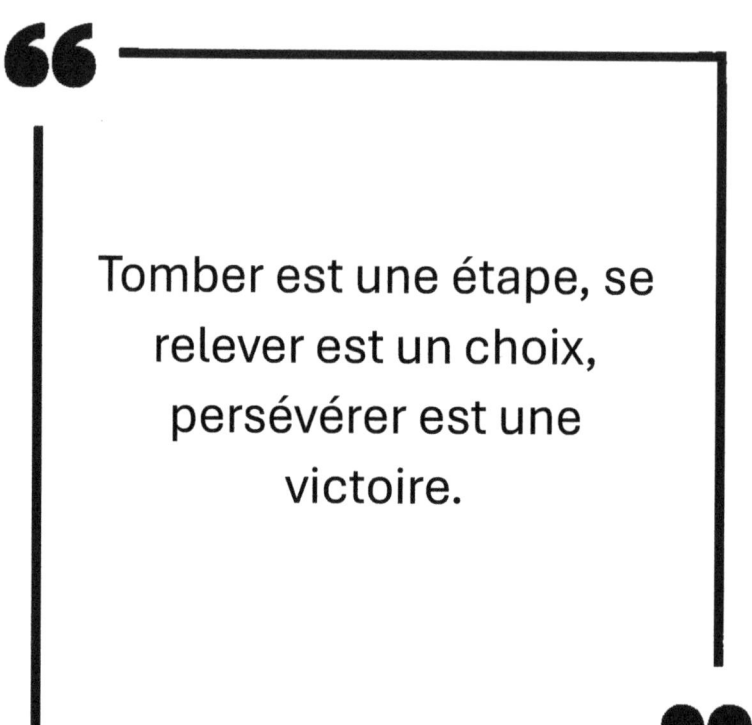

" Tomber est une étape, se relever est un choix, persévérer est une victoire. "

Cette parole inspirante est une puissante métaphore de la résilience et du processus de transformation personnelle. Elle explore le cycle universel de l'échec, du rétablissement et de la persévérance, trois piliers fondamentaux pour toute croissance humaine.

**Analyse globale**

- *Tomber est une étape* : Les échecs et les erreurs font partie intégrante de l'expérience humaine. Ils ne sont pas des fins, mais des phases transitoires nécessaires pour apprendre et progresser.
- *Se relever est un choix* : Après un échec, le pouvoir réside dans la décision consciente de se remettre en marche. Cela implique de dépasser la peur, la honte ou l'autocritique.
- *Persévérer est une victoire* : Continuer malgré les obstacles est un triomphe en soi, car cela demande un courage et une détermination exceptionnels.

**Analyse psychologique**

- *La normalisation de l'échec* : Voir la chute comme une étape dédramatise l'échec et nous aide à l'intégrer comme un élément naturel de notre chemin.
- *L'activation du choix conscient* : Se relever engage des processus cognitifs complexes comme l'autorégulation émotionnelle et la flexibilité mentale, qui sont essentiels pour rebondir.

**Même si vous ne le lisez pas, partagez-le !**
Aurore Zanetti

- *La persévérance et la neuroplasticité* : En persistant, on entraîne le cerveau à renforcer des schémas mentaux de résilience et de détermination, créant ainsi des habitudes de succès.

**Processus émotionnels et cognitifs**

- *La gestion des émotions* : La chute peut provoquer des sentiments comme la peur, le doute ou la tristesse. Apprendre à les reconnaître sans se laisser submerger est clé pour avancer.
- *La reconstruction de l'estime de soi* : Chaque fois que l'on choisit de se relever, on renforce la confiance en ses capacités.
- *La satisfaction différée* : Persévérer, c'est accepter des sacrifices à court terme pour des résultats à long terme. Cela exige une gestion active des impulsions.

**Conseils Pratiques**

1. **Redéfinissez l'échec**
   - Considérez chaque chute comme une opportunité d'apprentissage. Posez-vous cette question : *"Qu'ai-je appris de cette expérience et comment puis-je m'améliorer ?"*

2. **Adoptez une mentalité de choix**
   - Après un revers, prenez le temps de respirer profondément, puis dites-vous : *"Je choisis de me relever."* Ce simple acte de verbalisation renforce votre engagement.

**Même si vous ne le lisez pas, partagez-le !**
Aurore Zanetti

3. **Fixez des micro-objectifs**
    - o Lorsque vous vous relevez, commencez par des étapes simples et accessibles. Cela crée un sentiment de progrès immédiat et nourrit votre motivation.
4. **Pratiquez la gratitude pour vos efforts**
    - o Chaque soir, écrivez une chose que vous avez faite pour persévérer, même minime. Cela vous aide à célébrer vos victoires quotidiennes.
5. **Créez un plan pour l'avenir**
    - o Lorsque vous faites face à une chute, prenez le temps de planifier votre prochain mouvement. Cela vous donne une direction claire et réduit l'anxiété.
6. **Entourez-vous de soutiens positifs**
    - o Cherchez des mentors, amis ou communautés qui vous inspirent et vous encouragent à continuer. Leur énergie peut renforcer la vôtre.
7. **Visualisez votre succès final**
    - o Imaginez-vous atteindre vos objectifs, malgré les défis. La visualisation positive renforce la persévérance en activant les zones du cerveau liées à la récompense.

**Inspiration Finale**

Chaque chute est un rappel que vous êtes en mouvement, et chaque fois que vous choisissez de vous relever, vous montrez votre force intérieure. Persévérer est plus qu'un acte ; c'est une déclaration que rien ne pourra vous détourner de vos aspirations. Continuez à avancer avec courage et confiance, car chaque pas que vous faites-vous rapproche de vos victoires les plus éclatantes.

**Même si vous ne le lisez pas, partagez-le !**
Aurore Zanetti

**Même si vous ne le lisez pas, partagez-le !**
Aurore Zanetti

Quand l'avenir vous inquiète.

Vous avez déjà vaincu tant d'épreuves, pourquoi douter de votre force pour celles à venir ?

**Même si vous ne le lisez pas, partagez-le !**
Aurore Zanetti

Cette parole inspirante repose sur un principe clé de la résilience et de la confiance en soi : le rappel des succès passés pour surmonter les défis futurs. Elle s'appuie sur notre capacité à tirer des leçons de nos expériences et à utiliser ces souvenirs comme levier pour affronter l'inconnu.

**Analyse globale**

- *Vous avez déjà vaincu tant d'épreuves* : Cela met l'accent sur le chemin parcouru et les victoires obtenues, souvent oubliées dans les moments de doute. Ce rappel agit comme un ancrage positif.

- *Pourquoi douter de votre force ?* : Cette question interroge les croyances limitantes qui peuvent émerger face à un défi, et invite à une réflexion sur la véritable nature de sa force intérieure.

- *Pour celles à venir* : L'avenir est incertain, mais l'expérience montre que les ressources internes, si elles ont suffi auparavant, sont également disponibles pour les défis à venir.

**Analyse psychologique**

- *La mémoire des réussites* : En psychologie, se souvenir des succès passés renforce l'auto-efficacité, c'est-à-dire la croyance en sa capacité à réussir.

- *La gestion des peurs* : Le doute face à l'avenir provient souvent de peurs irrationnelles. Cette parole inspirante invite à réorienter son focus sur ce qui est déjà accompli, réduisant ainsi l'anxiété.

- *Le renforcement de l'identité* : Se remémorer ses épreuves surmontées permet de se reconnecter à une identité de personne forte et résiliente.

**Même si vous ne le lisez pas, partagez-le !**
Aurore Zanetti

**Processus émotionnels et cognitifs**

- *Activation de la résilience émotionnelle* : Se concentrer sur les succès antérieurs crée une boucle de pensée positive, augmentant la confiance.

- *Gestion cognitive du stress* : Cette parole inspirante suggère un rééquilibrage mental : au lieu de s'attarder sur les inconnues de l'avenir, on s'appuie sur les certitudes du passé.

- *Renforcement de la détermination* : L'idée que l'on a déjà triomphé d'épreuves difficiles installe un sentiment de contrôle face à ce qui pourrait sembler insurmontable.

**Conseils Pratiques**

1. **Tenez un journal des réussites**
   - Notez régulièrement vos victoires, petites ou grandes, ainsi que les défis surmontés. Relisez ce journal lorsque vous faites face à de nouveaux obstacles.

2. **Utilisez l'ancrage mental**
   - Prenez quelques instants pour fermer les yeux et revivre un moment où vous avez triomphé d'une difficulté. Visualisez vos émotions et vos actions lors de cette réussite.

3. **Parlez à votre "vous du passé"**
   - Imaginez que vous puissiez remercier votre "vous d'hier" pour avoir persévéré. Ensuite, projetez cette gratitude vers votre "vous du futur" qui surmontera également l'épreuve actuelle.

**Même si vous ne le lisez pas, partagez-le !**
Aurore Zanetti

4. **Identifiez vos forces clés**
    - Faites une liste des qualités ou compétences spécifiques qui vous ont permis de surmonter vos précédents défis. Utilisez-les comme un guide pour les situations futures.
5. **Pratiquez la gratitude envers vous-même**
    - Reconnaissez vos efforts et vos capacités. Chaque matin, prenez quelques secondes pour vous dire : *"Je suis fier de ce que j'ai accompli et prêt à affronter ce qui vient."*
6. **Transformez le doute en curiosité**
    - Plutôt que de vous demander si vous êtes capable, posez-vous cette question : *"Comment vais-je transformer cette épreuve en une nouvelle victoire ?"*
7. **Cherchez du soutien inspirant**
    - Partagez vos expériences passées avec des proches ou mentors. Leurs retours positifs peuvent vous rappeler à quel point vous avez déjà accompli beaucoup.

**Inspiration Finale**

Votre parcours est une preuve éclatante de votre capacité à relever les défis. Chaque obstacle que vous avez surmonté est une brique qui a construit la personne que vous êtes aujourd'hui. Alors, faites confiance à cette force inébranlable en vous. Ce qui vous attend n'est pas une montagne infranchissable, mais une opportunité de gravir un sommet encore plus haut. Vous êtes plus fort que vous ne l'imaginez.

**Même si vous ne le lisez pas, partagez-le !**
Aurore Zanetti

**Même si vous ne le lisez pas, partagez-le !**
Aurore Zanetti

# Danser avec les Ombres

**Même si vous ne le lisez pas, partagez-le !**
Aurore Zanetti

Quand une injustice vous frappe.

L'injustice peut ébranler notre équilibre, mais c'est en choisissant la voie de la dignité et de l'action que nous transformons les blessures en changements.

**Même si vous ne le lisez pas, partagez-le !**
Aurore Zanetti

Cette parole inspirante met en lumière l'impact émotionnel et psychologique de l'injustice, tout en offrant une voie d'émancipation. Elle explore le processus par lequel nous pouvons transcender les expériences douloureuses pour générer un impact positif et durable dans nos vies et dans le monde.

**Analyse globale**

- *L'injustice peut ébranler notre équilibre* : L'injustice, qu'elle soit personnelle ou sociétale, est profondément déstabilisante. Elle provoque des émotions fortes comme la colère, le désespoir ou l'impuissance, qui menacent notre harmonie intérieure.

- *Choisir la voie de la dignité et de l'action* : Cette phrase propose une réponse constructive à la douleur. La dignité implique de rester fidèle à ses valeurs, tandis que l'action symbolise une prise en main active de la situation.

- *Transformer les blessures en changements* : Ce passage évoque la résilience et la capacité à utiliser l'expérience douloureuse comme un catalyseur pour le progrès, que ce soit personnel ou collectif.

**Analyse psychologique**

- *Émotion et équilibre* : L'injustice déclenche des réactions émotionnelles intenses qui, si elles ne sont pas gérées, peuvent entraîner un déséquilibre psychologique.

- *Pouvoir du choix* : En choisissant la dignité et l'action, on reprend le contrôle sur une situation qui semblait initialement en dehors de notre pouvoir. Ce choix renforce la confiance en soi et le sentiment de maîtrise.

- *Résilience transformationnelle* : La capacité à transformer la douleur en une force motrice est un exemple de résilience. Cela implique d'apprendre à tirer des leçons des épreuves et à les utiliser comme tremplins pour la croissance.

**Processus émotionnels et cognitifs**

- *Gestion de la colère* : Réagir à l'injustice avec dignité nécessite de canaliser la colère de manière constructive, sans laisser cette émotion dominer.
- *Recherche de sens* : Transformer les blessures en changements implique de trouver un sens à l'épreuve, ce qui favorise la guérison émotionnelle.
- *Engagement proactif* : L'action mobilise le cerveau pour créer des solutions, activant ainsi les circuits liés à la satisfaction et à l'accomplissement.

**Conseils Pratiques**

1. **Prenez un moment de recul**
    - Lorsqu'une injustice survient, respirez profondément et prenez du temps pour analyser la situation avant de réagir. Cela permet de ne pas agir sous le coup de l'émotion.
2. **Exprimez vos émotions de manière saine**
    - Écrivez dans un journal ou parlez à une personne de confiance pour exprimer ce que vous ressentez. Cela aide à libérer la charge émotionnelle.

**Même si vous ne le lisez pas, partagez-le !**
Aurore Zanetti

3. **Identifiez vos valeurs fondamentales**
    - Déterminez les principes qui comptent le plus pour vous, comme le respect, l'honnêteté ou l'équité. Ces valeurs guideront vos actions face à l'injustice.

4. **Transformez l'indignation en projet**
    - Utilisez l'énergie générée par l'injustice pour agir concrètement. Par exemple, engagez-vous dans une cause, créez un groupe de soutien ou menez une campagne de sensibilisation.

5. **Pratiquez la résilience active**
    - Concentrez-vous sur ce que vous pouvez contrôler. Fixez-vous des objectifs réalisables pour rétablir un sentiment d'équilibre et d'accomplissement.

6. **Pardonnez sans oublier**
    - Le pardon ne signifie pas excuser l'injustice, mais libérer votre esprit de la rancune. Cela vous permet d'avancer sans être alourdi par le passé.

7. **Cherchez des alliés**
    - Rejoignez des personnes partageant vos préoccupations. L'union amplifie l'impact des actions et renforce le soutien émotionnel.

**Inspiration Finale**

L'injustice a le pouvoir de nous ébranler, mais elle ne peut jamais nous définir. Chaque épreuve est une opportunité de grandir, d'apprendre et de créer un changement. En choisissant la dignité et l'action, vous ne vous contentez pas de guérir vos blessures : vous ouvrez la voie à un monde plus juste, inspirant ainsi ceux qui vous entourent. Vous avez le pouvoir de transformer votre douleur en lumière et de faire de vos luttes une force motrice pour le bien.

**Même si vous ne le lisez pas, partagez-le !**
Aurore Zanetti

Quand vous êtes rejeté.

> Le rejet n'est pas une fin, mais un détour qui nous guide vers ce qui nous est vraiment destiné.

Cette citation offre une perspective positive et résiliente sur le rejet, une expérience universelle souvent douloureuse. Elle invite à voir le rejet non comme une conclusion définitive, mais comme une redirection, un moyen de se rapprocher de ce qui correspond réellement à nos aspirations ou à nos besoins profonds.

**Analyse globale**

- *Le rejet n'est pas une fin* : Cela signifie que l'échec ou le refus, bien qu'ils puissent sembler définitifs sur le moment, ne marquent pas la fin de notre chemin ou de nos opportunités.

- *Mais un détour* : Le rejet agit comme une réorientation, nous forçant à explorer d'autres voies ou à repenser nos objectifs.

- *Vers ce qui nous est vraiment destiné* : Ce passage invite à croire en l'idée que chaque expérience, même négative, peut nous guider vers des opportunités plus alignées avec nos désirs ou notre véritable nature.

**Analyse psychologique**

- *La douleur initiale du rejet* : Être rejeté active des émotions fortes comme la tristesse, la frustration ou le doute de soi. Ces réactions sont naturelles mais temporaires.

- *Un moteur de résilience* : Accepter le rejet comme une opportunité de croissance renforce notre capacité à surmonter les épreuves et à nous adapter.

- *Redécouverte de soi* : Le rejet pousse à une introspection, à réévaluer nos priorités et à clarifier ce qui est réellement important pour nous.

**Processus émotionnels et cognitifs**

- *Réinterprétation cognitive* : Plutôt que de voir le rejet comme un échec personnel, il est possible de le percevoir comme une étape de redirection.
- *Gestion des attentes* : Le rejet nous apprend à ajuster nos attentes, en distinguant les opportunités qui nous conviennent réellement de celles qui ne nous étaient pas adaptées.
- *Activation de la créativité* : Être confronté à un rejet peut stimuler l'imagination et nous encourager à explorer des solutions ou des chemins nouveaux.

**Conseils Pratiques**

1. **Acceptez vos émotions**
   - Reconnaissez la douleur ou la déception liée au rejet. Prenez le temps de vivre ces émotions sans jugement, car elles font partie du processus de guérison.

2. **Reformulez le rejet comme une opportunité**
   - Posez-vous cette question : *"Qu'est-ce que cette expérience peut m'apprendre ? Quelle porte pourrait-elle ouvrir ?"*

3. **Rappelez-vous vos succès passés**
   - Souvenez-vous des moments où un rejet ou un échec a finalement conduit à une meilleure opportunité. Cela vous aidera à garder une perspective optimiste.

4. **Prenez du recul pour analyser la situation**
    - o Demandez-vous : *"Ce que je vis actuellement est-il vraiment ce qui me convient ? Pourquoi est-ce que cela m'importe autant ?"* Cette réflexion peut révéler si le rejet est en réalité une bénédiction déguisée.

5. **Explorez de nouvelles possibilités**
    - o Utilisez le rejet comme une chance de réorienter vos efforts. Essayez quelque chose de différent ou élargissez vos horizons en explorant des opportunités inattendues.

6. **Pratiquez la gratitude pour le processus**
    - o Même dans la déception, cherchez des éléments positifs dans la situation. Par exemple : *"Grâce à cette expérience, j'ai appris ceci..."*

7. **Entourez-vous de soutien**
    - o Parlez de vos sentiments avec des personnes de confiance ou un mentor. Leur perspective et leur encouragement peuvent vous aider à voir le rejet sous un jour différent.

**Inspiration Finale**

Le rejet n'est pas une barrière, mais un pont vers une nouvelle direction. Il nous force à regarder au-delà de ce que nous avions initialement prévu et nous offre une chance d'aligner nos efforts avec ce qui nous correspond vraiment. Chaque détour est une opportunité de découverte, de transformation et de renforcement de soi. Rappelez-vous que ce qui vous est véritablement destiné trouvera son chemin, à condition que vous restiez ouvert et prêt à avancer.

**Même si vous ne le lisez pas, partagez-le !**
Aurore Zanetti

**Même si vous ne le lisez pas, partagez-le !**
Aurore Zanetti

# L'Art de Guider

**Même si vous ne le lisez pas, partagez-le !**
Aurore Zanetti

Quand vous avez peur de ne pas être à la hauteur.

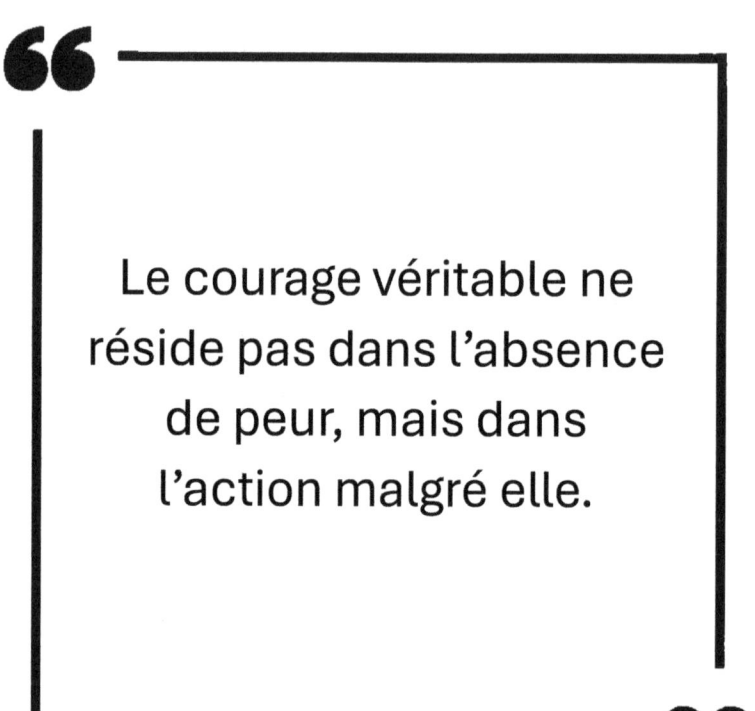

" Le courage véritable ne réside pas dans l'absence de peur, mais dans l'action malgré elle. "

**Même si vous ne le lisez pas, partagez-le !**
Aurore Zanetti

Cette parole inspirante révèle la nature paradoxale du courage : il ne s'agit pas d'un état où la peur est inexistante, mais plutôt d'une décision consciente d'agir en dépit de cette peur. Elle distingue le courage de l'intrépidité, en soulignant qu'il est profondément humain d'éprouver des craintes, mais héroïque de les surmonter.

**Analyse globale**

- *L'absence de peur* : L'idée de ne jamais ressentir de peur est une illusion. La peur est une réponse naturelle et essentielle, un signal biologique conçu pour nous protéger face à des menaces.

- *L'action malgré elle* : Le courage est une dynamique : il transforme la peur en moteur d'action. Plutôt que de fuir ou de rester paralysé, il invite à avancer avec détermination.

- *Véritable courage* : Il s'agit d'une force intérieure qui se manifeste dans les moments où, malgré l'incertitude ou l'angoisse, une personne choisit de poursuivre un objectif qui lui tient à cœur.

**Analyse psychologique**

- *La fonction de la peur* : Biologiquement, la peur active l'amygdale, une partie du cerveau liée aux émotions. Si elle peut être paralysante, elle peut également être canalisée pour stimuler la vigilance et la préparation.

- *Le dépassement de la peur* : En affrontant la peur, on renforce l'estime de soi et la confiance en ses capacités. Ce processus active des zones du cerveau associées à la récompense et à la résilience.

- *La motivation intrinsèque* : L'action courageuse repose souvent sur des valeurs ou des objectifs supérieurs qui surpassent la peur elle-même, qu'il s'agisse de protéger un être cher, de défendre une cause ou d'atteindre un rêve.

**Processus émotionnels et cognitifs**

- *Gestion des émotions* : Apprendre à tolérer l'inconfort de la peur est une compétence clé pour développer le courage. Cela implique de reconnaître ses sentiments sans leur permettre de dicter ses actions.
- *Restructuration cognitive* : Réinterpréter la peur non pas comme une barrière, mais comme une opportunité de croissance personnelle, est une étape essentielle pour agir malgré elle.
- *Création de nouveaux schémas* : Chaque acte de courage renforce un schéma neuronal positif, rendant plus probable une réponse similaire face à des peurs futures.

**Conseils Pratiques**

1. **Reconnaissez votre peur**
   - Prenez le temps d'identifier ce qui vous effraie. En nommant vos craintes, vous diminuez leur pouvoir sur vous. Par exemple, dites : *"J'ai peur de l'échec, mais cela ne définit pas mes capacités."*

2. **Décomposez l'action en étapes**
   - Divisez une tâche intimidante en petites étapes réalisables. Chaque étape accomplie vous rapproche de votre objectif et diminue l'intensité de votre peur.

3. **Utilisez la visualisation positive**
    - Imaginez-vous réussir malgré la peur. Visualiser les résultats positifs crée une anticipation de réussite qui peut contrebalancer l'angoisse.

4. **Trouvez un "pourquoi" puissant**
    - Identifiez la raison qui justifie vos actions. Si votre objectif est aligné avec vos valeurs profondes, il sera plus facile de surmonter vos craintes.

5. **Pratiquez des techniques de régulation émotionnelle**
    - Apprenez à calmer votre esprit en utilisant la respiration profonde ou la méditation. Ces outils permettent de désactiver la réponse de panique liée à la peur.

6. **Prenez appui sur vos expériences passées**
    - Rappelez-vous des moments où vous avez déjà surmonté une peur. Ces souvenirs renforcent votre conviction que vous êtes capable de faire face.

7. **Célébrez chaque victoire**
    - Que l'action soit grande ou petite, félicitez-vous pour avoir avancé malgré la peur. Chaque pas courageux mérite d'être reconnu.

**Inspiration Finale**

La peur est une ombre qui accompagne chaque être humain. Ce qui vous différencie, ce n'est pas son absence, mais la lumière que vous choisissez de projeter pour avancer malgré elle. Chaque acte courageux que vous posez est une victoire non seulement sur vos craintes, mais aussi sur vos limites perçues. Alors, la prochaine fois que la peur se présente, écoutez-la comme un guide, mais laissez le courage vous conduire. Vous découvrirez en vous une force qui grandit à chaque pas.

**Même si vous ne le lisez pas, partagez-le !**
Aurore Zanetti

**Même si vous ne le lisez pas, partagez-le !**
Aurore Zanetti

Quand vous guidez les autres.

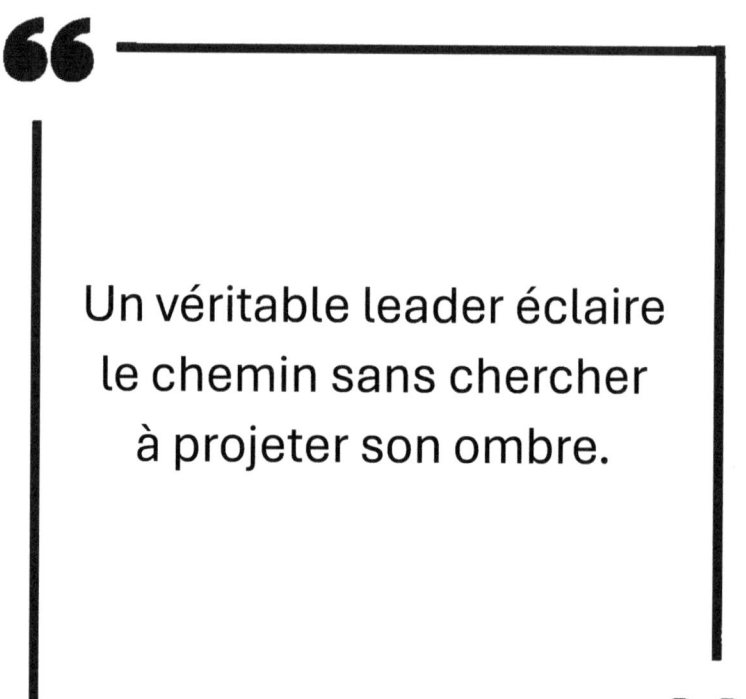

" Un véritable leader éclaire le chemin sans chercher à projeter son ombre. "

Cette parole inspirante met en avant l'essence du leadership authentique et inspirant. Elle oppose l'éclat d'un leader altruiste à l'ombre d'un leadership égoïste ou autoritaire. Ce message est un rappel que le rôle d'un leader est de guider et d'élever les autres, et non de dominer ou d'éclipser ceux qu'il dirige.

**Analyse globale**

- *Éclaire le chemin* : Un leader authentique guide par son exemple, sa sagesse et sa capacité à montrer la direction, éclairant ainsi les doutes et les incertitudes de son équipe.

- *Sans chercher à projeter son ombre* : La véritable intention d'un leader est d'amplifier les forces des autres, et non d'imposer sa présence ou de les subjuguer par son ego ou son besoin de contrôle.

- *L'équilibre entre lumière et humilité* : Ce contraste souligne que l'humilité est une qualité indispensable pour permettre aux autres de briller à leur tour.

**Analyse psychologique**

- *L'effet de la lumière* : Lorsqu'un leader éclaire le chemin, il inspire confiance et sécurité chez ceux qui le suivent. Cette guidance renforce la motivation intrinsèque et l'engagement collectif.

- *L'ombre et l'ego* : Les leaders qui cherchent à se mettre en avant au détriment des autres créent un climat d'insécurité, d'injustice et de méfiance, ce qui mine la cohésion et la productivité.

- *Le rôle de la modestie* : Un leadership éclairé et humble permet de cultiver une culture d'authenticité et de collaboration, où chacun se sent valorisé et libre de contribuer pleinement.

**Processus émotionnels et cognitifs**

- *Inspiration par l'exemple* : Les leaders qui éclairent le chemin servent de modèle, déclenchant des processus d'imitation positive et de transformation personnelle chez leurs collaborateurs.
- *Évitement de l'ombre* : Un leader centré sur lui-même risque de susciter des émotions négatives comme l'envie, la peur ou la frustration, alors qu'un leader altruiste favorise des émotions positives et un sentiment d'appartenance.
- *Favorisation de la croissance collective* : En mettant en lumière les forces et les talents des autres, un leader agit comme un catalyseur pour le développement personnel et collectif.

**Conseils Pratiques**

1. **Soyez un modèle d'authenticité**
   - Menez par l'exemple. Agissez en alignement avec vos valeurs et prenez des décisions qui inspirent confiance et respect.
2. **Encouragez l'autonomie**
   - Donnez aux membres de votre équipe les outils et la liberté nécessaires pour s'épanouir.
   - Guidez-les sans les microgérer, et laissez-leur l'espace pour apprendre et grandir.

3. **Célébrez les réussites des autres**
   - Reconnaissez et valorisez publiquement les contributions et succès de ceux que vous dirigez. Cela renforce leur confiance et leur engagement.

4. **Pratiquez l'écoute active**
   - Prenez le temps d'écouter les idées, préoccupations et aspirations de ceux que vous dirigez. Cela montre que vous valorisez leur perspective et leur contribution.

5. **Mettez l'équipe en avant**
   - Prenez soin de donner le crédit des réussites à l'ensemble de votre équipe plutôt que de chercher à en tirer tout le mérite.

6. **Adoptez une vision long terme**
   - Éclairez le chemin en inspirant une vision claire, mais donnez aux autres la capacité de tracer leur propre voie dans le cadre de cette vision.

7. **Pratiquez l'humilité**
   - Reconnaissez vos erreurs et acceptez d'apprendre de ceux que vous dirigez. Cela renforce votre crédibilité et inspire une culture de transparence.

**Inspiration Finale**

Le véritable leadership ne consiste pas à briller seul, mais à illuminer les possibilités pour les autres. À travers vos actions, vos paroles et votre exemple, vous avez le pouvoir d'élever ceux qui vous entourent. Évitez de laisser l'ombre de votre ego obscurcir leur lumière. En éclairant le chemin avec humilité et générosité, vous créez un héritage de transformation et de succès partagé. Vous n'êtes pas seulement un guide, mais une source d'inspiration durable.

**Même si vous ne le lisez pas, partagez-le !**
Aurore Zanetti

Quand vous doutez de votre valeur.

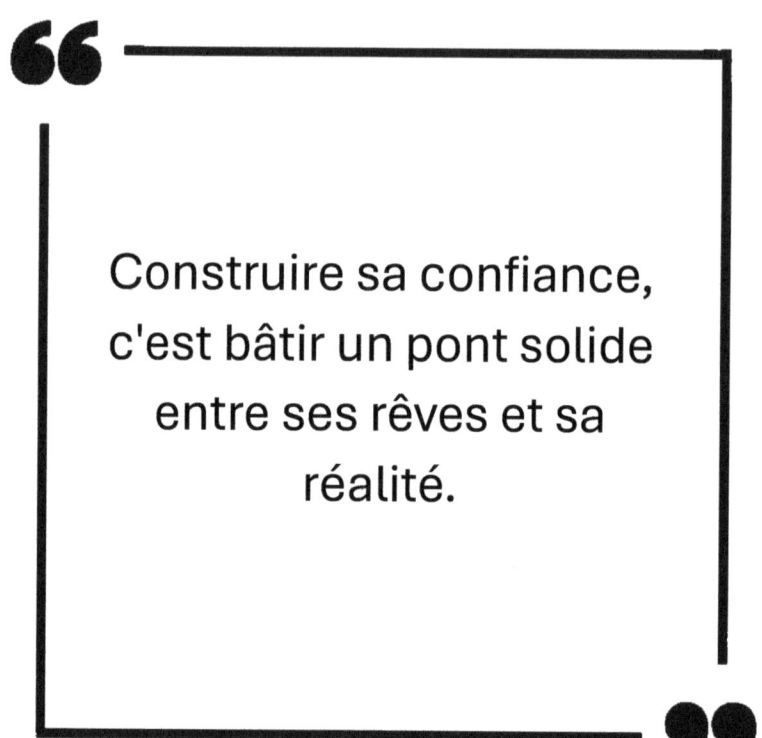

> Construire sa confiance, c'est bâtir un pont solide entre ses rêves et sa réalité.

Cette parole inspirante illustre la confiance en soi comme un processus de construction, une passerelle entre ce que nous aspirons à accomplir (nos rêves) et ce que nous vivons au quotidien (notre réalité). Elle suggère que la confiance n'est pas innée, mais un travail intentionnel et progressif qui rapproche deux mondes parfois éloignés.

**Analyse globale**

- *Construire sa confiance* : La confiance en soi est perçue ici comme une structure qui demande des bases solides et une progression constante, pas un état figé.
- *Bâtir un pont solide* : Le pont symbolise un lien tangible entre aspirations et actions concrètes. Sa solidité dépend de la résilience et des efforts continus pour le maintenir.
- *Entre ses rêves et sa réalité* : Cette partie évoque l'importance d'un équilibre entre les aspirations élevées et les actions ancrées dans le présent, où la confiance joue un rôle essentiel pour transformer le potentiel en réalisation.

**Analyse psychologique**

- *Le rôle de la confiance* : Une confiance solide favorise la prise de décision, l'initiative et l'endurance face aux obstacles, des éléments cruciaux pour atteindre ses objectifs.
- *Les rêves comme motivation* : Les rêves inspirent une vision claire, qui agit comme un moteur émotionnel pour avancer.
- *La réalité comme point de départ* : La confiance permet de confronter la réalité sans peur, de prendre des risques calculés et de persévérer, même face aux défis.

**Processus émotionnels et cognitifs**

- *Émotionnellement* : La confiance agit comme un tampon contre les émotions négatives comme la peur ou le doute. Elle nourrit un sentiment de maîtrise.

- *Cognitivement* : Elle favorise l'autorégulation et la résilience cognitive, permettant de reformuler les échecs comme des apprentissages et de rester concentré sur ses objectifs.

**Conseils Pratiques**

1. **Renforcez les bases du pont : vos compétences et connaissances**
   - Identifiez les domaines où vous manquez de confiance. Investissez du temps dans l'apprentissage et la pratique pour améliorer vos compétences.

2. **Créez des mini-ponts vers vos rêves**
   - Décomposez vos objectifs ambitieux en petites étapes réalisables. Chaque succès renforce votre confiance et vous rapproche de vos rêves.

3. **Visualisez votre pont et traversez-le mentalement**
    - Imaginez vos rêves comme une rive lointaine et votre confiance comme le pont qui vous y conduit. Visualisez chaque étape franchie avec succès.
4. **Célébrez vos réussites, même les petites**
    - Chaque étape accomplie, aussi minime soit-elle, mérite une reconnaissance. Cela renforce la perception de progression et de compétence.
5. **Acceptez l'imperfection du pont**
    - Rappelez-vous que construire un pont est un processus, pas une destination. Les imperfections et les ajustements font partie de l'apprentissage.
6. **Trouvez des piliers de soutien**
    - Entourez-vous de personnes qui croient en vos capacités et qui vous encouragent dans vos efforts pour bâtir ce pont.
7. **Confrontez vos peurs par des actions concrètes**
    - La peur peut saboter la construction. Identifiez une chose qui vous effraie et agissez dessus avec courage. Chaque effort consolide le pont.

**Même si vous ne le lisez pas, partagez-le !**
Aurore Zanetti

**Inspiration Finale**

Construire sa confiance est un voyage. Chaque pierre posée sur ce pont entre vos rêves et votre réalité est une preuve de votre détermination et de votre potentiel. Ne craignez pas les moments d'instabilité, car ils font partie de la construction. Continuez à avancer avec foi en vos capacités, et vous découvrirez que le pont que vous bâtissez ne relie pas seulement deux rives, mais aussi l'essence de qui vous êtes à ce que vous pouvez devenir.

**Même si vous ne le lisez pas, partagez-le !**
Aurore Zanetti

Quand vous commettez des erreurs.

> Chaque erreur est une leçon déguisée : elle ne vous définit pas, elle vous façonne.

Cette parole inspirante offre une perspective constructive sur les erreurs et leur rôle dans notre développement personnel. Elle replace l'échec dans une logique d'apprentissage et de transformation, en rappelant que nos expériences, même difficiles, sont des opportunités de croissance.

**Analyse globale**

- *Chaque erreur est une leçon déguisée* : Les erreurs, bien qu'elles puissent sembler négatives sur le moment, contiennent toujours une opportunité d'apprentissage. Elles deviennent des enseignants silencieux.

- *Elle ne vous définit pas* : Cette phrase souligne que nos erreurs ne représentent pas qui nous sommes. Elles ne doivent pas être perçues comme des étiquettes permanentes ou des jugements sur notre valeur personnelle.

- *Elle vous façonne* : En revanche, les leçons que l'on tire des erreurs contribuent à façonner notre caractère, notre résilience et notre sagesse. Elles participent à la construction de notre identité.

**Analyse psychologique**

- *Le processus de résilience* : En considérant les erreurs comme des leçons, on renforce la résilience émotionnelle, qui nous permet de nous relever et de progresser après un échec.

- *Réduction de l'autocritique* : Repenser les erreurs comme des outils de transformation atténue la culpabilité et les jugements négatifs envers soi-même.

- *Renforcement de l'apprentissage* : Les erreurs activent des circuits neuronaux qui favorisent l'intégration de nouvelles connaissances et l'ajustement des comportements futurs.

**Processus émotionnels et cognitifs**

- *L'acceptation des imperfections* : Accepter que l'erreur est une partie inévitable du chemin permet de réduire le stress et l'angoisse liés à la perfection.

- *La transformation des croyances limitantes* : En adoptant cette perspective, les croyances négatives sur soi-même (ex. : *"Je ne suis pas assez bon"*) se transforment en affirmations plus positives et encourageantes.

- *La motivation par l'apprentissage* : Voir les erreurs comme des étapes nécessaires stimule la curiosité et l'envie d'essayer à nouveau, même après un échec.

**Conseils Pratiques**

1. **Reformulez vos erreurs**
   - Chaque fois que vous faites une erreur, écrivez ce que vous avez appris et comment cela peut vous servir à l'avenir. Par exemple : *"Je me suis précipité, mais maintenant je sais prendre plus de temps pour analyser."*

2. **Dissociez-vous de l'échec**
   - Remplacez des pensées comme *"J'ai échoué"* par *"Cela n'a pas fonctionné, mais je peux essayer différemment."* Cela vous aide à comprendre que l'échec est une action, non une identité.

3. **Créez un journal des leçons**
   - Notez vos erreurs et les enseignements qui en découlent. Revisitez ces notes régulièrement pour voir votre progression et renforcer votre confiance en votre capacité d'apprentissage.

4. **Dédramatisez vos erreurs**
   - Rappelez-vous que tout le monde fait des erreurs. Normalisez vos expériences en les partageant avec des personnes de confiance ou en lisant des témoignages similaires.

5. **Pratiquez l'autocompassion**
   - Traitez-vous avec la même bienveillance que vous accorderiez à un ami. Dites-vous : *"C'est normal d'apprendre en faisant des erreurs."*

6. **Transformez vos erreurs en actions concrètes**
   - Après avoir identifié ce que vous avez appris, définissez une action à mettre en œuvre immédiatement pour corriger ou améliorer la situation.

7. **Focalisez sur votre évolution**
   - o Souvenez-vous que chaque erreur vous rapproche de la version la plus forte et la plus sage de vous-même. Considérez-les comme des marches dans l'escalier de votre développement.

**Inspiration Finale**

Les erreurs ne sont pas des murs qui bloquent votre chemin, mais des ponts qui vous mènent vers une meilleure compréhension de vous-même et de vos capacités. Chaque leçon qu'elles contiennent est un cadeau, même si parfois elle est emballée dans un peu de douleur ou de déception. Prenez vos erreurs comme des alliées et laissez-les vous façonner, car c'est dans ces moments que vous devenez une version plus forte et plus éclairée de vous-même.

# Fleurir après l'Orage

**Même si vous ne le lisez pas, partagez-le !**
Aurore Zanetti

Quand vous vous remémorez une douleur passée.

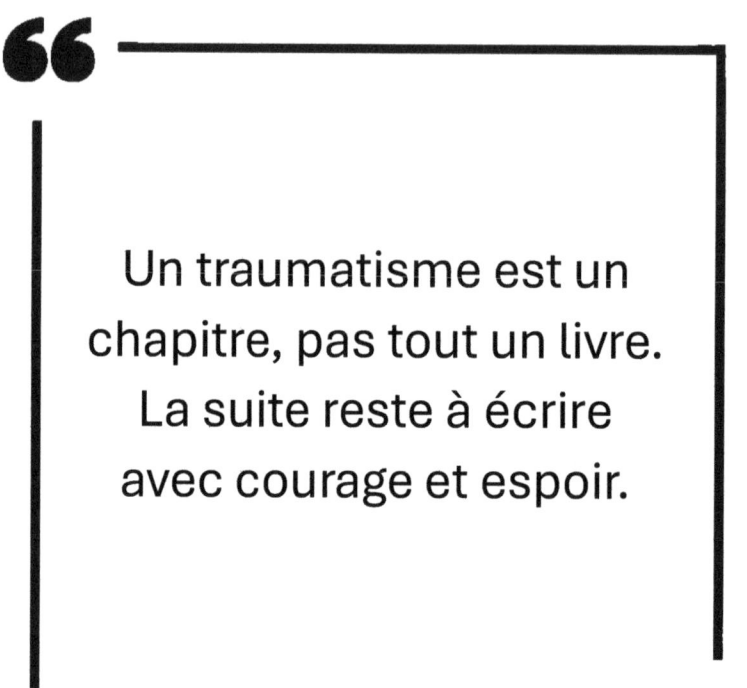

" Un traumatisme est un chapitre, pas tout un livre. La suite reste à écrire avec courage et espoir. "

**Même si vous ne le lisez pas, partagez-le !**
Aurore Zanetti

Cette parole inspirante offre une vision profondément résiliente et motivante sur le traumatisme. Elle aide à remettre les expériences douloureuses dans un contexte plus vaste, en les intégrant comme des parties d'une histoire personnelle, mais sans leur permettre de définir toute cette histoire. Elle souligne également la capacité de chacun à reprendre le contrôle sur son futur avec détermination.

**Analyse globale**

- *Un traumatisme est un chapitre* : Cette métaphore place le traumatisme comme une partie de l'histoire d'une vie, mais non comme une fatalité ou une identité.

- *Pas tout un livre* : Il y a une distinction entre ce que nous avons vécu et ce que nous sommes. Le traumatisme peut être marquant, mais il ne doit pas occuper toute la narration de notre existence.

- *La suite reste à écrire* : La possibilité de création est mise en avant. Nous avons le pouvoir de choisir comment continuer notre chemin, en apprenant à nous reconstruire avec espoir et courage.

**Analyse psychologique**

- *Régulation émotionnelle* : Cette parole inspirante aide à diminuer les sentiments d'impuissance souvent associés aux traumatismes, en rappelant que ces expériences ne déterminent pas le futur.

- *Reconstruction identitaire* : En reconnaissant le traumatisme comme un chapitre, on peut intégrer cette expérience tout en se distanciant de l'idée qu'elle définit entièrement notre identité.
- *Promotion de la résilience* : L'idée que nous avons la capacité d'écrire la suite de notre histoire inspire une forme de résilience active, en nous concentrant sur ce que nous pouvons construire.

**Processus émotionnels et cognitifs**

- *Validation de la douleur* : Reconnaître le traumatisme comme une partie de l'histoire personnelle permet de légitimer les émotions associées sans les minimiser.
- *Projection positive* : Imaginer que la suite de l'histoire peut être remplie de courage et d'espoir stimule des circuits cérébraux liés à la motivation et au bien-être.
- *Flexibilité cognitive* : Cette perspective encourage une restructuration mentale où le passé n'est plus une prison, mais un point de départ pour des possibilités futures.

**Conseils Pratiques**

1. **Acceptez le chapitre**
   - Reconnaissez ce que vous avez vécu, sans jugement. Prenez le temps d'explorer vos émotions à travers l'écriture, la thérapie ou une discussion avec un proche de confiance.

2. **Visualisez la suite du livre**
   - Imaginez comment vous aimeriez que votre histoire évolue. Quels thèmes ou chapitres voulez-vous développer ? La guérison ? La découverte de nouvelles passions ?
3. **Faites de petits pas**
   - Réparez votre équilibre en avançant doucement. Fixez-vous des objectifs accessibles, même minimes, pour reprendre confiance en votre capacité à créer un futur.
4. **Pratiquez la gratitude et l'espoir**
   - Chaque jour, notez une chose pour laquelle vous êtes reconnaissant et un espoir pour demain. Cela vous aide à écrire mentalement de nouveaux chapitres.
5. **Transformez la douleur en force**
   - Identifiez ce que vous avez appris de cette expérience, aussi difficile soit-elle. Ces leçons peuvent devenir des outils pour affronter l'avenir avec plus de sagesse et de courage.
6. **Entourez-vous de soutiens positifs**
   - Construisez une "communauté" autour de vous : amis, famille, mentors ou thérapeutes, qui vous encourageront à avancer sans vous juger.

7. **Créez des rituels de transformation**
    - Marquez symboliquement le passage d'un chapitre à un autre. Par exemple, une lettre que vous écrivez à vous-même ou une activité qui symbolise un nouveau départ.

**Inspiration Finale**

Votre histoire est un livre unique, et un traumatisme n'en est qu'un passage, pas une fin. Ce chapitre, bien qu'intense, contient les germes de votre résilience et de votre transformation. Prenez la plume avec courage et écrivez une suite empreinte d'espoir, de découverte et de lumière. Vous avez le pouvoir de faire de chaque page un pas vers une vie où le passé vous renforce, sans vous définir.

**Même si vous ne le lisez pas, partagez-le !**
Aurore Zanetti

Quand les blessures du passé refont surface.

Les cicatrices laissées par les traumatismes ne sont pas des faiblesses, mais des marques de survie.

**Même si vous ne le lisez pas, partagez-le !**
Aurore Zanetti

Cette parole inspirante réoriente notre perception des cicatrices, qu'elles soient physiques ou émotionnelles, en les considérant non pas comme des stigmates de vulnérabilité, mais comme des témoignages de force et de résilience. Elle valorise le chemin parcouru pour surmonter les épreuves et encourage à voir ces marques comme une preuve tangible de notre capacité à avancer malgré l'adversité.

**Analyse globale**

- *Les cicatrices laissées par les traumatismes* : Ces cicatrices symbolisent les expériences difficiles et les souffrances que l'on a traversées. Elles rappellent des blessures, mais aussi des processus de guérison.

- *Ne sont pas des faiblesses* : Cette phrase réfute l'idée selon laquelle les blessures du passé diminuent notre valeur ou notre force.

- *Des marques de survie* : Les cicatrices deviennent des preuves visibles ou invisibles que nous avons surmonté des défis et que nous en sommes sortis plus forts.

**Analyse psychologique**

- *Valorisation de la résilience* : En réinterprétant les cicatrices comme des marques de survie, cette parole inspirante favorise une perspective positive sur les épreuves passées, ce qui peut renforcer l'estime de soi.

- *Rupture avec la honte* : Beaucoup ressentent de la honte ou de la culpabilité en raison de leurs traumatismes. Repenser les cicatrices comme des symboles de force aide à transformer ces émotions négatives en fierté et en acceptation.

- *Encouragement à la guérison* : Voir les cicatrices comme des étapes vers une vie enrichie par l'expérience motive à poursuivre un chemin de reconstruction.

### Processus émotionnels et cognitifs

- *Acceptation de soi* : Cette perspective aide à intégrer les expériences difficiles dans une identité positive et cohérente, sans nier leur impact.

- *Résilience cognitive* : Les traumatismes, bien qu'intenses, peuvent devenir des points d'apprentissage, développant des capacités comme l'endurance émotionnelle et la flexibilité mentale.

- *Projection vers l'avenir* : En valorisant les cicatrices, on passe du statut de victime à celui de survivant, ce qui favorise une attitude proactive face aux défis futurs.

### Conseils Pratiques

1. **Reconsidérez vos cicatrices**
   - Prenez un moment pour réfléchir à ce que vos "cicatrices" signifient. Notez les leçons ou forces que vous avez développées grâce à ces expériences.

2. **Pratiquez l'autocompassion**
    - Regardez-vous avec bienveillance. Par exemple, placez une main sur votre cœur et dites-vous : *"J'ai traversé des épreuves et je mérite d'être fier de ma résilience."*
3. **Racontez votre histoire**
    - Partager votre parcours peut transformer vos cicatrices en sources d'inspiration pour vous-même et pour les autres. Que ce soit dans un journal, un blog ou avec des amis, exprimez votre voyage.
4. **Identifiez vos forces issues du traumatisme**
    - Demandez-vous : *"Quelles qualités ai-je développées à travers cette expérience ?"* Courage, patience, empathie ou ténacité sont souvent des fruits de la survie.
5. **Célébrez votre survie**
    - Honorez votre chemin avec un rituel ou une action symbolique. Par exemple, un tatouage ou un objet qui représente votre résilience.
6. **Transformez vos cicatrices en art**
    - Utilisez l'écriture, le dessin, la musique ou toute autre forme d'expression pour transformer vos blessures en créations significatives.

7. **Acceptez les hauts et les bas**
    - Le chemin de la guérison n'est pas linéaire. Rappelez-vous que chaque étape, même difficile, est une partie essentielle de votre reconstruction.

**Inspiration Finale**

Les cicatrices ne sont pas là pour rappeler vos souffrances, mais pour témoigner de votre force, de votre capacité à guérir et à continuer. Portez-les avec fierté, car elles disent au monde : *"J'ai traversé la tempête et j'en suis sorti plus fort."* Chaque marque, visible ou invisible, est un chapitre d'une histoire qui prouve que vous êtes bien plus qu'un survivant : vous êtes un bâtisseur de vie, enrichi par vos expériences.

**Même si vous ne le lisez pas, partagez-le !**
Aurore Zanetti

Quand vous êtes confronté à l'abandon.

L'abandon est une déchirure douloureuse, mais c'est dans les espaces vides qu'un nouveau souffle de force et de renaissance peut émerger.

**Même si vous ne le lisez pas, partagez-le !**
Aurore Zanetti

Cette parole inspirante aborde l'abandon comme une expérience difficile, souvent marquée par la douleur de la perte ou du rejet. Pourtant, elle propose une perspective puissante : dans le vide laissé par cette absence, se cache une opportunité de transformation et de renouveau. Elle nous invite à reconsidérer l'abandon comme un processus à double face : à la fois une fin et un début.

**Analyse globale**

- *L'abandon est une déchirure douloureuse* : Cela reconnaît l'impact émotionnel de l'abandon, qu'il soit physique, émotionnel ou spirituel. Cette déchirure évoque un moment de rupture, souvent accompagné de tristesse, de colère ou de vide.

- *Dans les espaces vides* : Ces vides symbolisent l'absence, le manque ou le silence qui suit l'abandon. Ce sont aussi des lieux d'attente, d'incertitude, mais potentiellement de créativité et de découverte.

- *Un nouveau souffle de force et de renaissance peut émerger* : Cette partie met en lumière la résilience humaine, la capacité à trouver un nouveau sens et une nouvelle énergie dans les moments de vide.

**Analyse psychologique**

- *Validation de la douleur* : En reconnaissant la souffrance de l'abandon, cette parole inspirante aide à normaliser les émotions négatives qui l'accompagnent, sans les minimiser.

**Même si vous ne le lisez pas, partagez-le !**
Aurore Zanetti

- *Opportunité de transformation* : Elle introduit l'idée que ce qui semble une fin peut être un espace fertile pour la croissance personnelle, favorisant ainsi une vision plus positive de l'avenir.
- *Résilience émotionnelle* : L'abandon, bien que douloureux, devient une occasion de redécouvrir ses propres ressources intérieures et de cultiver une force nouvelle.

**Processus émotionnels et cognitifs**

- *La gestion de la perte* : L'abandon active souvent des sentiments de rejet ou d'insécurité. Apprendre à les accepter est une première étape vers la guérison.
- *La création dans le vide* : Les espaces vides laissent place à l'introspection et à la redéfinition de soi. Ce processus stimule la créativité et permet de réimaginer de nouvelles possibilités.
- *Reconstruction identitaire* : À travers l'abandon, on est parfois contraint de redéfinir qui l'on est en dehors des relations ou des contextes passés, ouvrant la voie à une identité plus forte et authentique.

**Conseils Pratiques**

1. **Accueillez les émotions de l'abandon**
   - Prenez le temps d'identifier et de nommer vos émotions. Par exemple : tristesse, colère, solitude. Cela aide à clarifier ce que vous ressentez et à éviter la répression.

2. **Créez un rituel de libération**
    o Laissez aller ce qui vous retient dans le passé en écrivant une lettre (que vous pouvez garder ou détruire) à la personne ou à la situation liée à l'abandon. Cela symbolise une libération émotionnelle.

3. **Focalisez sur ce que vous pouvez contrôler**
    o Identifiez les aspects de votre vie sur lesquels vous avez un pouvoir d'action. Agir sur ces éléments favorise un sentiment de maîtrise et réduit l'impuissance.

4. **Explorez les espaces vides**
    o Prenez ce temps de vide pour explorer vos envies, vos passions et vos objectifs. Essayez une nouvelle activité ou revisitez un rêve laissé de côté.

5. **Appuyez-vous sur un soutien bienveillant**
    o Entourez-vous de personnes qui vous encouragent et vous soutiennent. Cela peut inclure des amis, des mentors ou des thérapeutes.

6. **Pratiquez l'autocompassion**
    o Rappelez-vous que l'abandon ne définit pas votre valeur. Parlez-vous avec douceur et gentillesse, comme vous le feriez avec un ami cher.

7. **Recréez un sens de renouveau**
    - Imaginez cette période comme un moment pour réinventer votre vie. Posez-vous des questions : *"Qu'est-ce qui me donne de la joie ?", "Quels sont mes besoins maintenant ?".*

**Inspiration Finale**

L'abandon peut sembler être une fin brutale, mais c'est souvent dans ces moments que nous découvrons notre véritable force. Le vide n'est pas un désert stérile, mais une toile blanche sur laquelle vous pouvez peindre les couleurs de votre renaissance. Embrassez cette opportunité de transformation, car elle peut révéler une version de vous-même que vous n'auriez jamais imaginée. Vous êtes capable de reconstruire avec courage et d'écrire un nouveau chapitre empli d'espoir et de lumière.

# Le Miroir de l'Existence

Quand vous ressentez le poids des regrets.

> Les regrets murmurent ce qui aurait pu être, les remords hurlent ce qui n'aurait pas dû être.

Cette parole inspirante différencie deux expériences émotionnelles proches, mais distinctes : le regret et le remords. Elle met en lumière leur impact sur notre bien-être mental et émotionnel, tout en offrant une opportunité de mieux comprendre comment naviguer entre ces sentiments complexes.

**Analyse globale**

- *Les regrets murmurent ce qui aurait pu être* : Le regret est souvent un sentiment subtil, un murmure de possibilités perdues ou d'opportunités manquées. Il est associé à des choix que nous n'avons pas faits ou à des chemins non empruntés.

- *Les remords hurlent ce qui n'aurait pas dû être* : Le remords est plus intense, lié à des actions passées que l'on considère comme des erreurs graves ou des violations de nos valeurs. Ce sentiment est souvent accompagné de culpabilité ou de honte.

**Analyse psychologique**

- *Le regret comme réflexion* : Le regret peut être une émotion constructive s'il est utilisé pour apprendre de ses choix. Il invite à explorer ce qui aurait pu être différent, sans jugement excessif.

- *Le remords comme cri intérieur* : Plus lourd émotionnellement, le remords a tendance à monopoliser l'esprit, amplifiant les sentiments de culpabilité et de douleur morale. Il peut cependant être un déclencheur puissant pour demander pardon ou réparer les torts.

- *Différence d'intensité* : Tandis que le regret chuchote doucement et s'estompe avec le temps, le remords, s'il n'est pas traité, peut devenir un hurlement constant, difficile à ignorer.

**Processus émotionnels et cognitifs**

- *Auto-évaluation* : Ces sentiments activent des mécanismes d'autoréflexion qui nous amènent à examiner nos valeurs et nos priorités.

- *Gestion émotionnelle* : Le regret nécessite une approche tournée vers l'avenir (comment éviter de futures opportunités manquées), tandis que le remords demande souvent une réconciliation avec le passé (comment réparer ou se pardonner).

- *Potentiel de transformation* : Les deux émotions, bien qu'inconfortables, peuvent agir comme des leviers pour un changement personnel positif lorsqu'elles sont affrontées avec compassion et courage.

**Conseils Pratiques**

1. **Identifiez la nature de vos émotions**
    - Lorsque vous ressentez du regret ou du remords, prenez un moment pour nommer votre émotion. Demandez-vous : *"Est-ce que je regrette une opportunité manquée ou ressens-je un remords pour une action passée ?"*

2. **Apprenez du regret**
    - Réfléchissez à ce que vous pouvez faire différemment à l'avenir. Le regret peut devenir un guide précieux pour vos prochains choix.

3. **Gérez le remords avec compassion**
    - Si vous ressentez du remords, posez-vous ces questions : *"Puis-je réparer ou compenser ce tort ?"*, *"Comment puis-je apprendre de cette expérience et mieux agir à l'avenir ?"*

4. **Pratiquez l'autopardon**
    - Rappelez-vous que tout le monde fait des erreurs. Pardonnez-vous pour les choix passés et engagez-vous à évoluer. Dites-vous : *"Je ne suis pas défini par mes erreurs, mais par ma capacité à apprendre et à grandir."*

5. **Exprimez vos sentiments**
    - Écrivez dans un journal ou parlez à une personne de confiance pour libérer le poids émotionnel de vos regrets ou remords.

6. **Passez à l'action si nécessaire**
    - Si vos remords concernent une faute envers quelqu'un, envisagez de présenter des excuses sincères ou de réparer la situation, dans la mesure du possible.

7. **Reformulez votre dialogue intérieur**
    - Transformez les pensées négatives en leçons positives. Par exemple, remplacez *"J'ai échoué"* par *"Cette expérience m'a appris une nouvelle façon de voir les choses."*

**Inspiration Finale**

Les regrets et les remords ne sont pas des chaînes, mais des messagers. Écoutez leur voix avec discernement, puis transformez leur énergie en un moteur de croissance. Les murmures du regret peuvent éclairer votre avenir, et les hurlements du remords, bien que douloureux, peuvent vous guider vers la réparation et la paix intérieure. Souvenez-vous que ce ne sont pas vos erreurs qui vous définissent, mais ce que vous choisissez d'en faire. Vous avez le pouvoir de réécrire votre histoire, une page à la fois.

**Même si vous ne le lisez pas, partagez-le !**
Aurore Zanetti

Quand vous vous interrogez sur vos priorités.

 Avec le temps, vous réaliserez que ce qui définit vraiment votre vie n'est pas ce que vous possédez, mais ce à quoi vous avez choisi de renoncer.

**Même si vous ne le lisez pas, partagez-le !**
Aurore Zanetti

Cette parole inspirante propose une réflexion profonde sur les choix et les priorités qui façonnent une vie. Elle redéfinit la notion de richesse, non pas en termes de possessions matérielles, mais par les décisions conscientes de se délester de ce qui n'est pas essentiel. Elle nous rappelle que le renoncement n'est pas une perte, mais un acte de liberté et de clarté.

**Analyse globale**

- *Ce qui définit votre vie* : La véritable essence de la vie ne réside pas dans les acquisitions ou les possessions, mais dans les choix qui reflètent vos valeurs et vos aspirations profondes.

- *Ce à quoi vous avez choisi de renoncer* : Renoncer volontairement à certaines choses – qu'il s'agisse de biens, de relations toxiques, ou de croyances limitantes – témoigne d'une capacité à privilégier ce qui a réellement de la valeur pour vous.

**Analyse psychologique**

- *La libération par le renoncement* : Choisir de renoncer à des éléments superflus ou nuisibles procure un sentiment de légèreté émotionnelle et mentale.

- *La focalisation sur l'essentiel* : En éliminant ce qui encombre, nous devenons plus capables de nous concentrer sur ce qui compte vraiment : nos passions, nos relations authentiques et notre bien-être.

- *La croissance personnelle* : Le renoncement exige une forme de maturité émotionnelle et de courage, car il va souvent à l'encontre de nos instincts d'accumulation ou de sécurité.

**Processus émotionnels et cognitifs**

- *Dissonance cognitive* : Se délester de quelque chose peut provoquer un inconfort initial, surtout si cela contredit des valeurs intériorisées comme la recherche de réussite matérielle.

- *Acceptation et détachement* : Le renoncement favorise le détachement émotionnel et renforce la capacité à vivre dans le moment présent, en réduisant l'anxiété liée à la possession ou au contrôle.

- *Création de sens* : En choisissant de renoncer à certaines choses, nous redéfinissons activement ce qui est significatif dans notre vie, un processus qui nourrit la satisfaction personnelle.

**Conseils Pratiques**

1. **Identifiez vos possessions non essentielles**
   - Faites une liste des objets, engagements ou habitudes qui n'ajoutent pas de valeur significative à votre vie. Demandez-vous : *"Est-ce que cela me rapproche de mes objectifs ou m'en éloigne ?"*

2. **Apprenez à dire non**
    - Renoncer peut aussi signifier refuser des opportunités ou des relations qui ne sont pas alignées avec vos priorités. Entraînez-vous à dire "non" sans culpabilité.

3. **Adoptez une mentalité minimaliste**
    - Simplifiez votre vie en conservant uniquement ce qui vous apporte de la joie ou un réel bénéfice. Cela s'applique tant aux biens matériels qu'aux engagements émotionnels.

4. **Pratiquez le détachement émotionnel**
    - Travaillez à vous libérer des attachements émotionnels envers les possessions ou les idées. La méditation ou la pleine conscience peut vous aider à accepter que tout est temporaire.

5. **Reformulez vos choix comme des gains**
    - Voyez le renoncement comme une opportunité de gagner en clarté, en temps et en énergie. Par exemple, *"En laissant cela derrière moi, je crée de l'espace pour quelque chose de plus significatif."*

6. **Focalisez sur vos valeurs fondamentales**
    - Déterminez ce qui compte vraiment pour vous : famille, santé, créativité, etc. Ces valeurs devraient guider vos choix de renoncement.

7. **Célébrez vos renoncements**
    - Chaque fois que vous choisissez de vous détacher de quelque chose, prenez un moment pour apprécier la liberté et la légèreté que cela vous procure.

**Inspiration Finale**

La vie n'est pas une accumulation, mais une composition. Chaque renoncement conscient est un pas vers une existence plus authentique et plus alignée avec vos valeurs. En apprenant à laisser partir ce qui ne vous sert plus, vous gagnez en clarté, en paix intérieure et en liberté. Ce que vous possédez ne définit pas qui vous êtes, mais les choix que vous faites pour privilégier l'essentiel sculptent l'histoire que vous écrivez chaque jour. Vous avez le pouvoir de créer une vie qui reflète votre véritable essence.

**Même si vous ne le lisez pas, partagez-le !**
Aurore Zanetti

Quand vous souffrez d'un amour non réciproque.

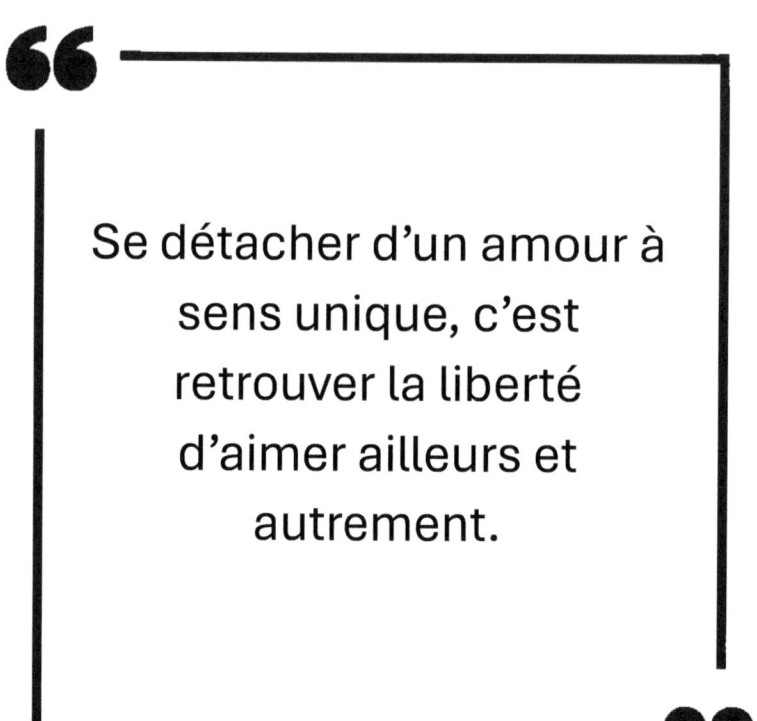

" Se détacher d'un amour à sens unique, c'est retrouver la liberté d'aimer ailleurs et autrement. "

Cette parole inspirante explore la complexité émotionnelle des amours à sens unique et souligne le pouvoir libérateur du détachement. Elle met en lumière l'importance de se recentrer sur soi-même et de réorienter ses capacités d'aimer vers des relations qui apportent réciprocité, respect et épanouissement.

**Analyse globale**

- *Se détacher d'un amour à sens unique* : L'amour non partagé peut être une expérience douloureuse, empreinte de frustration et de tristesse. Se détacher, bien que difficile, est une étape essentielle pour protéger son bien-être émotionnel.

- *Retrouver la liberté d'aimer* : Le détachement libère l'esprit et le cœur, offrant la possibilité de réinvestir ses émotions dans des relations plus équilibrées et enrichissantes.

- *Ailleurs et autrement* : L'amour ne se limite pas à une personne ou à une seule manière de le vivre. Cette phrase ouvre une perspective d'espoir et de renouveau, en mettant l'accent sur la diversité des relations et des formes d'amour.

**Analyse psychologique**

- *L'attachement et ses pièges* : Les amours non réciproques créent souvent des schémas d'attachement anxieux ou obsessionnel, qui limitent la capacité à envisager d'autres options.

- *La libération émotionnelle* : En rompant avec un amour à sens unique, on retrouve un sentiment d'autonomie et de contrôle sur sa vie émotionnelle.

- *La redécouverte de soi* : Le processus de détachement permet de se reconnecter à ses propres besoins, désirs et aspirations, souvent négligés dans les relations déséquilibrées.

**Processus émotionnels et cognitifs**

- *Acceptation de la réalité* : Reconnaître qu'un amour n'est pas partagé est la première étape pour se détacher. Cela nécessite de dépasser le déni et d'accepter la situation telle qu'elle est.
- *Déconstruction des attentes* : Les attentes irréalistes ou non satisfaites alimentent la douleur. Le détachement passe par leur déconstruction et par l'ouverture à de nouvelles perspectives.
- *Réorientation de l'énergie émotionnelle* : Libéré des chaînes d'un amour unilatéral, le cœur est capable de se tourner vers d'autres formes d'amour, qu'il s'agisse d'amitiés profondes, d'amour familial ou de nouvelles relations amoureuses.

**Conseils Pratiques**

1. **Reconnaissez vos émotions**
   - Permettez-vous de ressentir la tristesse, la colère ou la déception. Écrivez dans un journal ou parlez-en à une personne de confiance pour libérer ces sentiments sans jugement.
2. **Rompez les schémas de dépendance**
   - Si possible, limitez les contacts ou les interactions avec la personne. Cela aide à créer l'espace nécessaire pour commencer le processus de guérison.

3. **Redirigez votre attention vers vous-même**
    - Engagez-vous dans des activités qui nourrissent votre bien-être, comme le sport, les loisirs créatifs ou la méditation. Prenez soin de vous émotionnellement et physiquement.

4. **Faites le point sur vos besoins**
    - Posez-vous ces questions : *"Qu'est-ce que j'attends de l'amour ?", "Quelles qualités cherche-je dans une relation ?"* Cela clarifie vos priorités pour l'avenir.

5. **Pratiquez l'autocompassion**
    - Dites-vous : *"Ce n'est pas un échec d'aimer sans retour, c'est une preuve de ma capacité à ressentir profondément."* Cela réduit la culpabilité et augmente la bienveillance envers vous-même.

6. **Projetez-vous vers l'avenir**
    - Imaginez les nouvelles opportunités d'aimer qui pourraient se présenter. Concentrez-vous sur la diversité des relations possibles, amoureuses ou non.

7. **Cherchez un soutien extérieur**
    - Si vous avez du mal à vous détacher, envisagez de consulter un thérapeute. Ils peuvent vous aider à identifier et déconstruire les schémas d'attachement négatifs.

**Inspiration Finale**

Se détacher d'un amour non réciproque n'est pas un renoncement à l'amour, mais un acte de courage et de respect envers vous-même. En libérant votre cœur, vous lui permettez de s'ouvrir à de nouvelles expériences, à des relations où l'amour est partagé, équilibré et nourrissant. Chaque pas vers le détachement est une étape vers la redécouverte de votre liberté d'aimer, non pas par besoin, mais par choix et authenticité. Vous méritez un amour qui vous élève, et ce chemin commence aujourd'hui.

**Même si vous ne le lisez pas, partagez-le !**
Aurore Zanetti

Quand un être cher vous quitte.

Le départ de ceux que l'on aime n'éteint jamais leur empreinte dans nos vies, elle devient une boussole silencieuse.

**Même si vous ne le lisez pas, partagez-le !**
Aurore Zanetti

Cette parole inspirante illustre avec délicatesse le paradoxe du départ : bien que l'absence physique de ceux que l'on aime puisse être douloureuse, leur influence persiste, offrant un guide subtil dans nos vies. Elle suggère que l'amour et les souvenirs transcendent le temps et l'espace, devenant une source durable de sagesse, de force et d'orientation.

**Analyse globale**

- *Le départ de ceux que l'on aime* : Ce départ peut être lié à la séparation, à un éloignement ou à la perte par le décès. Ces situations créent un vide souvent difficile à combler.

- *N'éteint jamais leur empreinte* : L'empreinte représente l'impact durable des moments partagés, des valeurs transmises et des souvenirs précieux qui continuent à vivre en nous.

- *Une boussole silencieuse* : Cette métaphore évoque l'idée que, même dans leur absence, ces personnes restent une source d'inspiration et de guidance, souvent sous des formes subtiles mais puissantes.

**Analyse psychologique**

- *La persistance des liens émotionnels* : Les relations fortes laissent une empreinte durable dans notre esprit. Les souvenirs et les enseignements de ces personnes influencent nos choix, nos valeurs et notre façon de naviguer dans la vie.

- *L'adaptation à la perte* : Reconnaître l'empreinte laissée par ceux que l'on aime aide à accepter leur absence physique tout en préservant leur présence symbolique.

- *Le rôle des souvenirs* : Les souvenirs deviennent des repères qui nous rappellent nos racines, notre histoire et les leçons apprises, favorisant un sentiment de continuité et de sécurité intérieure.

**Processus émotionnels et cognitifs**

- *La mémoire comme outil de résilience* : La remémoration des moments passés active des circuits de plaisir et de réconfort, transformant la douleur en gratitude.

- *Le rôle de la symbolisation* : La boussole silencieuse représente la capacité de l'esprit à transformer des expériences émotionnelles intenses en guides abstraits et durables.

- *L'intégration de l'absence* : Cette parole inspirante invite à voir l'absence non pas comme un vide, mais comme une forme d'accompagnement subtil et continu.

**Conseils Pratiques**

1. **Célébrez l'héritage émotionnel**
   - Écrivez une lettre ou tenez un journal pour exprimer ce que vous avez appris ou ce que vous admirez chez cette personne. Ces écrits renforcent leur "boussole silencieuse" dans votre vie.

2. **Créez un rituel de connexion**
   - Allumez une bougie, regardez une photo ou écoutez une chanson qui vous rappelle cette personne. Ces moments de connexion honorent leur présence symbolique.

3. **Utilisez leurs enseignements comme guide**
   - Lorsque vous êtes face à une décision ou un défi, demandez-vous : *"Que m'auraient-ils conseillé ?"* ou *"Quels principes incarnaient-ils ?"*

4. **Transformez leur influence en action**
   - Engagez-vous dans une activité ou une cause qui reflète les valeurs ou les passions de cette personne. Cela perpétue leur impact de manière concrète.

5. **Partagez leur mémoire**
   - Parlez d'eux avec vos proches, partagez des anecdotes ou des leçons. Ces récits maintiennent leur empreinte vivante dans votre cercle familial ou amical.

6. **Soyez attentif aux signes subtils**
    - Prenez conscience des moments où leurs souvenirs apparaissent spontanément : une pensée, une sensation ou un souvenir inattendu. Voyez cela comme une manifestation de leur "boussole silencieuse."
7. **Apprenez à intégrer leur absence**
    - Travaillez avec un thérapeute ou un groupe de soutien pour naviguer dans les émotions complexes liées à leur départ, tout en renforçant leur impact positif sur votre vie.

**Inspiration Finale**

Le départ de ceux que l'on aime peut sembler définitif, mais leur empreinte reste un fil d'or tissé dans la trame de votre vie. Leurs enseignements, leur amour et leurs valeurs continuent de vous accompagner, comme une boussole discrète mais infaillible. Regardez ces absences non pas comme des pertes, mais comme des présences transformées, qui vous guident avec sagesse et tendresse sur votre chemin. Vous portez en vous une partie d'eux, et cette lumière intérieure ne s'éteindra jamais.

# L'Harmonie des Âmes

Quand un conflit vous oppose à quelqu'un.

> La résolution d'un conflit commence par l'écoute et non par la réponse.

Cette parole inspirante met en lumière un principe fondamental de la communication et de la gestion des conflits : l'écoute active. Elle invite à délaisser l'impulsion naturelle de défendre ou de répliquer, pour privilégier une compréhension plus profonde des besoins et des émotions de l'autre.

**Analyse globale**

- *La résolution d'un conflit* : Les conflits, qu'ils soient interpersonnels, professionnels ou familiaux, naissent souvent d'un malentendu ou d'un désalignement des perspectives.

- *Commence par l'écoute* : L'écoute active est un acte de respect et d'empathie. Elle démontre une volonté de comprendre réellement l'autre sans jugement ni interruption.

- *Et non par la réponse* : Répondre trop rapidement peut refléter une défense ou un désir de convaincre, au détriment de l'échange. Une réponse prématurée empêche souvent d'accéder à la véritable source du problème.

**Analyse psychologique**

- *Réduction des tensions* : L'écoute calme les émotions exacerbées en permettant à chacun de se sentir entendu, reconnu et respecté.

- *Création de liens émotionnels* : En écoutant attentivement, on renforce l'empathie et la connexion avec l'autre, ce qui facilite le désamorçage du conflit.

- *Compréhension des besoins sous-jacents* : Derrière chaque conflit se cachent souvent des besoins insatisfaits ou des blessures émotionnelles. L'écoute permet d'identifier ces éléments fondamentaux.

**Processus émotionnels et cognitifs**

- *Gestion de l'impulsivité* : L'écoute active demande de mettre en pause ses propres réactions émotionnelles, ce qui renforce la régulation émotionnelle.
- *Activation de l'empathie* : Écouter sans interrompre active des circuits cérébraux liés à l'identification émotionnelle et à la compassion.
- *Désamorçage de l'agressivité* : Lorsque l'autre se sent compris, l'intensité de ses émotions négatives diminue, rendant le dialogue plus constructif.

**Conseils Pratiques**

1. **Pratiquez l'écoute active**
   - Lorsqu'un conflit surgit, concentrez-vous sur ce que l'autre dit sans préparer mentalement votre réponse. Reformulez ses propos pour vérifier votre compréhension : *"Si je comprends bien, tu ressens..."*

2. **Posez des questions ouvertes**
   - Plutôt que d'affirmer ou de défendre, demandez : *"Qu'est-ce qui te semble le plus important ici ?"* ou *"Comment puis-je mieux comprendre ce que tu ressens ?"*

3. **Prenez une pause si nécessaire**
   - Si vous sentez que vos émotions montent, proposez de faire une courte pause avant de continuer. Cela évite des réponses réactives qui peuvent envenimer le conflit.

4. **Observez le langage non verbal**
    - Soyez attentif aux signaux corporels et au ton de voix de l'autre. Ces indices peuvent révéler des émotions non exprimées verbalement.

5. **Retenez votre impulsion de répondre immédiatement**
    - Comptez mentalement jusqu'à trois après que l'autre ait terminé de parler. Cela montre que vous réfléchissez à ses propos avant de répondre.

6. **Adoptez une posture d'empathie**
    - Essayez de vous mettre à la place de l'autre. Demandez-vous : *"Que ressentirais-je si j'étais dans cette situation ?"*

7. **Terminez par une validation émotionnelle**
    - Avant de proposer une solution, validez ce que l'autre ressent : *"Je comprends que cela ait été difficile pour toi."* Cela aide à calmer les tensions et montre que vous prenez en compte son point de vue.

**Inspiration Finale**

La clé de toute résolution de conflit réside dans la compréhension mutuelle. Écouter avant de répondre, c'est offrir à l'autre la preuve qu'il compte et qu'il est entendu. En mettant de côté l'urgence de répliquer, vous ouvrez la porte à un dialogue authentique, où le respect et l'empathie deviennent les fondations d'un accord durable. Souvenez-vous, l'écoute n'est pas une faiblesse, mais une force qui transforme les confrontations en opportunités de rapprochement et de croissance mutuelle.

Quand vous vous sentez vulnérable dans un conflit.

Reconnaître ses torts dans un conflit n'est pas une faiblesse, mais une force qui désamorce l'escalade.

Même si vous ne le lisez pas, partagez-le !
Aurore Zanetti

Cette parole inspirante met en avant le courage et la sagesse nécessaires pour admettre ses erreurs dans une situation conflictuelle. Contrairement à une croyance répandue, cette démarche est une preuve de maturité émotionnelle et d'assurance personnelle, plutôt qu'un signe de faiblesse ou de soumission. Elle souligne aussi son impact positif sur la dynamique du conflit.

**Analyse globale**

- *Reconnaître ses torts* : Cela signifie accepter ses erreurs, qu'elles soient intentionnelles ou involontaires, et les verbaliser sans chercher à se justifier.
- *N'est pas une faiblesse* : Admettre ses torts demande du courage, car cela implique de mettre son ego de côté et d'accepter sa part de responsabilité.
- *Une force qui désamorce l'escalade* : Ce geste calme souvent les tensions, inspire le respect et ouvre la porte à un dialogue constructif. Il rompt le cycle de la confrontation et favorise une résolution pacifique.

**Analyse psychologique**

- *Renforcement de l'humilité* : Reconnaître ses torts favorise le développement d'une humilité saine, essentielle pour des relations équilibrées.
- *Réduction des tensions* : Lorsque l'on accepte ses erreurs, cela désamorce la colère ou le ressentiment de l'autre, car cela montre que vous prenez sa perspective en compte.
- *Augmentation de l'estime de soi* : Contrairement à ce que l'on pourrait penser, admettre ses torts peut renforcer la confiance en soi, car cela démontre une maîtrise émotionnelle et un respect de ses propres valeurs.

**Processus émotionnels et cognitifs**

- *Gestion de l'ego* : Reconnaître ses erreurs nécessite de surmonter les mécanismes de défense comme le déni ou la justification.
- *Activation de l'empathie* : Ce geste implique de se mettre à la place de l'autre pour comprendre comment nos actions ont pu le blesser ou le frustrer.
- *Création de confiance* : Cette attitude favorise un climat de transparence et de confiance, renforçant ainsi les relations à long terme.

**Conseils Pratiques**

1. **Prenez du recul émotionnel**
   - Avant de reconnaître vos torts, respirez profondément et analysez la situation calmement. Cela vous aide à répondre de manière réfléchie plutôt que réactive.
2. **Adoptez un langage responsable**
   - Utilisez des phrases qui mettent en avant votre responsabilité, comme : *"Je me rends compte que ce que j'ai dit était maladroit, et je suis désolé."* Évitez les excuses conditionnelles (*"Je suis désolé si tu t'es senti blessé"*) qui minimisent votre implication.
3. **Identifiez votre part de responsabilité**
   - Analysez objectivement votre comportement ou vos paroles pour comprendre ce que vous pouvez corriger. Cela vous permet d'être précis dans votre reconnaissance.

4. **Écoutez la perspective de l'autre**
   - Montrez que vous êtes ouvert à entendre comment vos actions ont pu impacter l'autre. Cela renforce l'empathie et le respect mutuel.

5. **Dissociez erreur et identité**
   - Comprenez que faire une erreur ne remet pas en cause votre valeur personnelle. Admettre un tort est un acte ponctuel, pas une définition de qui vous êtes.

6. **Encouragez la réciprocité**
   - Votre geste peut inspirer l'autre à reconnaître aussi sa part de responsabilité, ouvrant ainsi la voie à une résolution mutuelle et apaisée.

7. **Engagez-vous à mieux faire**
   - Accompagnez votre reconnaissance d'un engagement sincère : *"Je ferai de mon mieux pour ne pas reproduire cette erreur."* Cela montre votre volonté de grandir à partir de cette expérience.

**Inspiration Finale**

Reconnaître ses torts n'est pas une capitulation, mais une démonstration de force intérieure. C'est une invitation à transformer un conflit en une opportunité d'apprentissage mutuel. En choisissant l'humilité et l'empathie, vous ne désamorcez pas seulement une situation tendue, vous construisez également des ponts de compréhension et de respect. Rappelez-vous que chaque fois que vous admettez vos erreurs, vous donnez l'exemple d'un leadership émotionnel qui inspire et élève.

Quand vous vous murez dans le silence.

Le silence est un espace de réflexion et d'écoute, mais s'il devient un refuge constant, il peut étouffer les vérités qui doivent être dites.

**Même si vous ne le lisez pas, partagez-le !**
Aurore Zanetti

Cette parole inspirante explore les deux facettes du silence : sa puissance comme outil de connexion intérieure et extérieure, mais aussi son potentiel à devenir un mécanisme d'évitement. Elle rappelle l'importance de trouver un équilibre entre écouter en silence et s'exprimer, afin de préserver la sincérité et l'authenticité dans nos relations et vis-à-vis de nous-mêmes.

**Analyse globale**

- *Le silence est un espace de réflexion et d'écoute* : Le silence a une valeur précieuse lorsqu'il est utilisé pour réfléchir, calmer l'esprit ou prêter une attention totale à l'autre. Il est un outil d'introspection et de compréhension.

- *Un refuge constant* : Le silence, lorsqu'il devient une habitude défensive, peut servir à éviter les conflits, exprimer des désaccords ou affronter des vérités inconfortables.

- *Étouffer les vérités* : L'évitement par le silence peut inhiber des conversations essentielles, empêchant la résolution de problèmes ou la libération émotionnelle.

**Analyse psychologique**

- *Le silence constructif* : Utilisé à bon escient, le silence favorise la régulation émotionnelle, la clarté mentale et une écoute profonde des autres.

- *Le silence destructeur* : Lorsqu'il devient un refuge constant, il peut créer des frustrations, des incompréhensions et une accumulation d'émotions non exprimées, affectant à la fois la santé mentale et les relations interpersonnelles.

- *Le besoin de vérité* : La vérité non exprimée peut peser lourdement sur la conscience, générant des tensions internes et compromettant la sincérité dans les relations.

**Processus émotionnels et cognitifs**

- *Gestion des émotions* : Le silence peut aider à contenir des émotions intenses à court terme, mais à long terme, il risque d'amplifier les ressentiments ou les malentendus.

- *Affirmation de soi* : Oser rompre le silence pour exprimer des vérités est un acte d'affirmation personnelle qui demande du courage et une bonne gestion de l'ego.

- *Authenticité relationnelle* : Un dialogue ouvert, même difficile, renforce les liens en créant un espace pour les échanges sincères et constructifs.

**Conseils Pratiques**

1. **Utilisez le silence pour réfléchir, mais fixez une limite**
   - Donnez-vous un délai pour réfléchir avant de parler, mais engagez-vous à aborder la situation dès que vous êtes prêt. Par exemple : *"Je prends une journée pour réfléchir, et demain j'en parle."*

2. **Identifiez votre refuge silencieux**
   - Si vous utilisez le silence comme mécanisme d'évitement, posez-vous ces questions : *"Qu'est-ce que je crains d'exprimer ?"*, *"Que pourrait-il se passer si je parlais ?"*

3. **Exprimez vos vérités avec bienveillance**
   - Préparez vos mots pour éviter les conflits inutiles. Utilisez des phrases telles que : *"Je ressens..."*, *"J'aimerais partager ceci avec toi..."* pour faciliter un dialogue respectueux.

4. **Pratiquez l'écoute active avant de parler**
    - Avant de rompre le silence, assurez-vous d'avoir bien écouté l'autre. Cela crée un climat propice à un échange équilibré.

5. **Trouvez un soutien extérieur**
    - Si exprimer vos vérités est difficile, commencez par en parler à une personne de confiance ou à un professionnel. Cela vous aide à clarifier vos pensées et à prendre confiance.

6. **Faites face aux émotions refoulées**
    - Prenez le temps d'identifier les émotions que vous gardez en silence. Écrivez-les ou exprimez-les de manière artistique (dessin, musique, écriture) pour les libérer.

7. **Évitez le silence dans les moments critiques**
    - Si une situation exige une réponse ou une vérité urgente, rappelez-vous que le silence prolongé peut causer plus de mal que le dialogue. Prenez l'initiative d'entamer la conversation.

**Inspiration Finale**

Le silence, comme tout outil puissant, doit être utilisé avec discernement. Il peut être une pause réparatrice ou une barrière qui nous éloigne de nos vérités. Trouvez la force de parler lorsque cela est nécessaire, car vos mots peuvent libérer, apaiser et construire des ponts là où le silence pourrait creuser des fossés. Osez exprimer vos vérités avec authenticité, car elles sont essentielles pour cultiver des relations sincères et une vie alignée avec vos valeurs profondes.

**Même si vous ne le lisez pas, partagez-le !**
Aurore Zanetti

Quand vous ne souhaitez plus parler avec une personne avec qui vous êtes en conflit.

L'écoute est un cadeau silencieux qui enrichit les cœurs, apaise les âmes et construit des ponts là où il y avait des murs.

Cette parole inspirante met en lumière la puissance transformative de l'écoute, souvent sous-estimée dans nos interactions. Elle la décrit comme une action subtile mais profondément impactante, capable de guérir, de connecter et de transcender les barrières émotionnelles et relationnelles.

**Analyse globale**

- *Un cadeau silencieux* : L'écoute ne nécessite ni bruit ni démonstration. Elle est une forme de générosité discrète qui montre à l'autre qu'il est important et digne d'attention.

- *Enrichit les cœurs et apaise les âmes* : Elle nourrit des émotions positives comme la gratitude, l'amour et la sérénité. En se sentant écouté, une personne trouve souvent un soulagement émotionnel et un sentiment de reconnaissance.

- *Construit des ponts là où il y avait des murs* : L'écoute a le pouvoir de transformer des conflits ou des incompréhensions en opportunités de rapprochement. Elle établit des connexions authentiques en brisant les barrières de méfiance ou d'hostilité.

**Analyse psychologique**

- *Le besoin fondamental d'être entendu* : L'écoute répond à un besoin humain universel : celui de se sentir vu et compris. Cela renforce l'estime de soi et la sécurité émotionnelle.

- *Un outil de régulation émotionnelle* : En écoutant, nous aidons l'autre à verbaliser ses émotions, ce qui peut réduire son stress et clarifier ses pensées.

- *Renforcement des liens relationnels* : L'écoute active favorise la confiance et l'intimité, jetant les bases de relations plus fortes et plus durables.

**Même si vous ne le lisez pas, partagez-le !**
Aurore Zanetti

**Processus émotionnels et cognitifs**

- *Empathie et compréhension* : L'écoute stimule les mécanismes neuronaux liés à l'empathie, renforçant notre capacité à comprendre et à partager les émotions de l'autre.
- *Apaisement des tensions* : En offrant une oreille attentive, on désamorce souvent les frustrations ou les malentendus, permettant une résolution pacifique des conflits.
- *Ouverture et inclusion* : L'écoute crée un espace où chacun se sent légitime d'exister et de s'exprimer, facilitant ainsi une meilleure cohésion sociale ou interpersonnelle.

**Conseils Pratiques**

1. **Pratiquez l'écoute active**
   - Soyez pleinement présent lorsque vous écoutez quelqu'un. Maintenez le contact visuel, hochez la tête et reformulez pour montrer que vous comprenez : *"Donc, si je comprends bien, tu ressens..."*

2. **Restez silencieux avant de répondre**
   - Apprenez à tolérer les silences. Parfois, la personne a besoin de temps pour organiser ses pensées. Ne comblez pas immédiatement ces pauses par des paroles.

3. **Mettez de côté vos jugements**
   - Écoutez sans chercher à critiquer ou à donner des conseils non sollicités. L'objectif est de comprendre, pas de corriger.

4. **Posez des questions ouvertes**
    - Encouragez l'autre à approfondir ses pensées : *"Peux-tu m'en dire plus sur ce que tu ressens à ce sujet ?"* Cela montre votre intérêt sincère.
5. **Soyez attentif au langage non verbal**
    - L'écoute ne se limite pas aux mots. Observez les expressions faciales, le ton de voix et les gestes pour mieux comprendre ce qui est dit entre les lignes.
6. **Créez un espace d'écoute dédié**
    - Si vous sentez que quelqu'un a besoin de parler, offrez un moment sans distractions où il se sentira en sécurité pour s'exprimer pleinement.
7. **Valorisez le partage**
    - Remerciez la personne de s'être confiée à vous. Cela renforce la confiance et montre que vous appréciez ce moment de connexion.

## Inspiration Finale

L'écoute est un art aussi humble qu'extraordinaire. Chaque fois que vous offrez ce cadeau silencieux, vous ouvrez la porte à une transformation : des cœurs se réchauffent, des tensions s'apaisent, et des connexions se tissent. Dans un monde souvent bruyant, l'écoute est une lumière précieuse qui éclaire les relations, guérit les blessures invisibles et transforme les murs de séparation en ponts de compréhension et de compassion.

**Même si vous ne le lisez pas, partagez-le !**
Aurore Zanetti

# Les Fractures de l'Âme

Même si vous ne le lisez pas, partagez-le !
Aurore Zanetti

## Quand on vous déçoit.

> Ceux qui disparaissent quand tout va mal ne méritaient pas leur place quand tout allait bien.

Cette parole inspirante met en évidence l'importance de la loyauté et de la présence dans les relations, particulièrement en période de difficulté. Elle souligne que les vrais liens, qu'ils soient amicaux ou affectifs, se révèlent non pas dans la facilité, mais dans l'adversité. Elle invite également à une réflexion sur la qualité des relations et sur la valeur des personnes qui nous entourent.

**Analyse globale**

- *Ceux qui disparaissent quand tout va mal* : Cette phrase désigne les personnes qui, face à vos défis ou épreuves, choisissent de s'éloigner au lieu de vous soutenir. Cela reflète un manque d'engagement ou de profondeur dans la relation.

- *Ne méritaient pas leur place quand tout allait bien* : Cette partie suggère que la valeur des relations ne se mesure pas seulement dans les moments de bonheur, mais surtout dans leur capacité à traverser les tempêtes avec vous.

- *Un appel au discernement* : Cette parole inspirante invite à faire le tri dans les relations, en valorisant celles basées sur le soutien mutuel, et non sur l'intérêt ou la superficialité.

**Analyse psychologique**

- *La douleur de l'abandon* : Être abandonné dans les moments difficiles peut entraîner des blessures émotionnelles comme le sentiment de trahison ou d'injustice.

- *Renforcement des relations authentiques* : Reconnaître les liens sincères permet de cultiver des relations qui apportent du réconfort et de la stabilité.

- *Favoriser l'autonomie émotionnelle* : Cette réflexion encourage à se détacher des personnes toxiques ou peu fiables, en développant une résilience intérieure et une capacité à s'entourer de personnes bienveillantes.

**Processus émotionnels et cognitifs**

- *Révélation dans l'adversité* : Les moments de crise agissent comme un filtre, révélant les motivations profondes des personnes qui nous entourent.
- *Révision des attentes relationnelles* : Cette parole inspirante pousse à redéfinir ce que nous attendons des autres, en privilégiant des relations basées sur l'empathie et le respect mutuel.
- *Construction de limites* : En identifiant ceux qui disparaissent dans les moments difficiles, on peut établir des limites émotionnelles pour protéger son bien-être.

**Conseils Pratiques**

1. **Réfléchissez à vos relations actuelles**
    - Identifiez les personnes qui vous soutiennent dans les moments difficiles. Ces relations méritent d'être cultivées et valorisées.
2. **Acceptez l'éloignement comme un tri naturel**
    - Comprenez que certaines personnes s'éloignent parce qu'elles ne sont pas émotionnellement équipées pour gérer les défis d'autrui. Cela n'enlève rien à votre valeur personnelle.

3. **Exprimez votre gratitude envers les vrais soutiens**
    - Prenez le temps de remercier ceux qui sont restés à vos côtés dans les moments difficiles. Cela renforce les liens et montre que vous appréciez leur présence.
4. **Apprenez à détecter les relations opportunistes**
    - Observez les comportements dans les moments de crise. Les personnes qui disparaissent ou minimisent vos besoins émotionnels peuvent ne pas mériter votre investissement.
5. **Renforcez votre autonomie émotionnelle**
    - Développez une résilience personnelle pour ne pas dépendre exclusivement des autres dans les moments difficiles. Cela vous aide à naviguer dans les relations avec plus de clarté et de sérénité.
6. **Fixez des limites claires**
    - Si des relations superficielles ou toxiques persistent, établissez des limites pour protéger votre bien-être. Cela peut inclure une diminution des contacts ou une communication directe.
7. **Privilégiez la qualité à la quantité**
    - Concentrez votre énergie sur un cercle restreint mais authentique, plutôt que de chercher à maintenir des relations larges mais superficielles.

**Même si vous ne le lisez pas, partagez-le !**
Aurore Zanetti

**Inspiration Finale**

Les moments difficiles ne sont pas seulement des épreuves personnelles, mais aussi des révélateurs de la nature des relations. Ceux qui choisissent de partir vous enseignent une leçon précieuse : leur place dans votre vie était peut-être temporaire. Entourez-vous de personnes qui éclairent votre chemin dans les ténèbres et qui méritent votre lumière dans les jours de soleil. Votre cercle, même petit, sera infiniment plus précieux lorsqu'il est composé de cœurs authentiques.

**Même si vous ne le lisez pas, partagez-le !**
Aurore Zanetti

Quand les autres ne pensent pas comme vous.

> Votre plus grande erreur aura été de croire que les autres pensaient comme vous.

**Même si vous ne le lisez pas, partagez-le !**
Aurore Zanetti

Cette parole inspirante met en lumière une des sources majeures de malentendus et de frustrations dans les interactions humaines : la projection de ses propres pensées, valeurs et façons de voir le monde sur autrui. Elle nous invite à développer une conscience plus aiguë de la diversité des perceptions et des motivations humaines.

**Analyse globale**

- *Votre plus grande erreur* : Cette phrase souligne l'importance de reconnaître nos propres biais dans la manière dont nous interprétons les comportements ou les intentions des autres.

- *Croire que les autres pensaient comme vous* : La projection psychologique consiste à supposer que les autres partagent nos croyances, nos attentes et nos priorités, ce qui peut engendrer des malentendus ou des déceptions.

- *Invitation à l'ouverture* : Cette parole inspirante nous encourage à considérer la diversité des points de vue comme une richesse, plutôt que comme une source de conflit ou de confusion.

**Analyse psychologique**

- *Sources de frustration* : Attendre que les autres agissent ou pensent comme nous conduit souvent à des déceptions inutiles et à des jugements erronés.

- *Favoriser l'empathie* : Comprendre que chacun a un cadre de référence unique aide à réduire les tensions et à mieux naviguer dans les relations complexes.

- *Développer la tolérance* : Accepter la pluralité des pensées et des valeurs favorise un climat de respect et de compréhension mutuelle.

**Processus émotionnels et cognitifs**

- *Biais de projection* : Ce biais cognitif nous pousse à supposer que nos propres expériences et perspectives sont universelles. Apprendre à le reconnaître permet d'adopter une vision plus nuancée.

- *Empathie cognitive* : Prendre conscience que chacun a une histoire, des croyances et des motivations différentes favorise des interactions plus authentiques et moins centrées sur soi.

- *Réduction de la polarisation* : Accepter que les autres puissent penser différemment aide à désamorcer les conflits et à encourager le dialogue constructif.

**Conseils Pratiques**

1. **Reconnaissez vos attentes implicites**
   - Posez-vous cette question : *"Suis-je frustré parce que j'attends que l'autre pense ou agisse comme moi ?"* Identifiez vos attentes implicites pour éviter de les projeter sur autrui.

2. **Posez des questions plutôt que de présumer**
   - Plutôt que de supposer ce que l'autre pense, demandez : *"Comment vois-tu les choses ?"*, *"Quelle est ta perspective sur ce sujet ?"* Cela ouvre un espace de dialogue et évite les jugements hâtifs.

3. **Acceptez la diversité des opinions**
   - Pratiquez l'ouverture d'esprit en vous rappelant que des visions différentes ne signifient pas nécessairement qu'une personne a tort ou raison.

**Même si vous ne le lisez pas, partagez-le !**
Aurore Zanetti

4. **Mettez-vous à la place de l'autre**
    - Essayez de comprendre les motivations et les expériences qui peuvent influencer les opinions ou comportements de l'autre. Cela renforce l'empathie et la compréhension.
5. **Cultivez l'humilité cognitive**
    - Admettez que votre vision du monde n'est pas universelle et qu'elle peut être enrichie par les perspectives des autres. Cette posture permet d'apprendre et de grandir.
6. **Développez votre intelligence émotionnelle**
    - Apprenez à détecter vos réactions émotionnelles face aux désaccords et à y répondre de manière constructive, sans chercher à imposer votre point de vue.
7. **Pratiquez l'écoute active**
    - Lorsque vous échangez, concentrez-vous pleinement sur les paroles de l'autre sans chercher à préparer votre réponse. Cela montre que vous valorisez leur perspective.

**Inspiration Finale**

Comprendre que les autres ne pensent pas comme vous est un pas vers la sagesse et la paix intérieure. Chaque esprit est un univers unique, façonné par des expériences, des croyances et des valeurs qui lui sont propres. En acceptant cette diversité, vous ouvrez la porte à des relations plus riches, à des dialogues plus constructifs et à une vision du monde plus large. Le respect de cette différence est une force, pas une faiblesse, et c'est en embrassant cette diversité que vous grandissez véritablement.

**Même si vous ne le lisez pas, partagez-le !**
Aurore Zanetti

# Quand l'infidélité s'invite dans votre couple.

> L'infidélité brise des promesses, mais elle révèle des vérités enfouies sur les besoins et les attentes non exprimés.

**Même si vous ne le lisez pas, partagez-le !**
Aurore Zanetti

Cette parole inspirante explore l'infidélité sous un angle complexe, sans la minimiser ni la justifier. Elle met en lumière les deux dimensions de cette expérience : la douleur qu'elle provoque en rompant des engagements, mais aussi l'opportunité qu'elle offre pour examiner des aspects souvent négligés dans une relation. L'infidélité devient ici une sonnette d'alarme pour des besoins ou des attentes qui n'ont pas trouvé leur place dans le couple.

**Analyse globale**

- *Brise des promesses* : L'infidélité est une rupture de confiance et de loyauté. Elle blesse profondément parce qu'elle trahit des accords explicites ou implicites dans une relation.

- *Révèle des vérités enfouies* : Derrière l'infidélité se cachent souvent des besoins insatisfaits, des frustrations ou un manque de communication. Elle force les partenaires à affronter des réalités qu'ils auraient pu ignorer ou réprimer.

- *Besoins et attentes non exprimés* : Cela fait référence aux désirs ou aux insécurités non partagés, qui, lorsqu'ils ne sont pas adressés, peuvent mener à une déconnexion émotionnelle ou physique.

**Analyse psychologique**

- *La douleur de la trahison* : L'infidélité engendre des émotions intenses comme la colère, la tristesse et la perte d'estime de soi. Ces sentiments sont souvent exacerbés par le choc de la trahison.

- *Un miroir des besoins relationnels* : Bien qu'elle soit douloureuse, l'infidélité peut servir de catalyseur pour comprendre ce qui manque dans la relation, que ce soit l'attention, la validation ou la connexion émotionnelle.

**Même si vous ne le lisez pas, partagez-le !**
Aurore Zanetti

- *Un appel à la communication* : Elle met en lumière l'importance de partager régulièrement ses attentes, ses désirs et ses insatisfactions pour éviter l'érosion silencieuse de la relation.

**Processus émotionnels et cognitifs**

- *La gestion des émotions* : Face à l'infidélité, il est crucial de reconnaître et de traiter les émotions complexes qui émergent, sans se laisser submerger par elles.
- *Le rôle de l'introspection* : Pour les deux partenaires, l'infidélité invite à une réflexion sur les dynamiques de la relation et sur leurs propres besoins ou manques.
- *La possibilité de transformation* : Bien que destructrice, l'infidélité peut également être un point de départ pour reconstruire une relation plus authentique, basée sur une compréhension et une communication renforcée.

**Conseils Pratiques**

1. **Prenez le temps de gérer vos émotions**
    - Après une infidélité, laissez-vous un moment pour digérer ce qui s'est passé. Identifiez et acceptez vos émotions sans chercher à les réprimer ou à les minimiser.

2. **Engagez un dialogue ouvert**
    - Si vous souhaitez comprendre les causes de l'infidélité, posez des questions sincères et écoutez sans interrompre. Par exemple : *"Qu'est-ce qui te manquait dans notre relation ?"*

3. **Examinez vos propres besoins**
    o Prenez un moment pour réfléchir à vos attentes et vos frustrations dans la relation. Demandez-vous si elles ont été clairement exprimées.

4. **Cherchez un soutien extérieur**
    o Un thérapeute de couple ou individuel peut vous aider à naviguer dans les émotions complexes et à reconstruire ou redéfinir la relation.

5. **Ne précipitez pas les décisions**
    o Prenez le temps de décider si vous voulez reconstruire la relation ou tourner la page. Une décision prise sous le coup de l'émotion peut ne pas refléter vos véritables désirs.

6. **Posez des limites claires pour l'avenir**
    o Si vous choisissez de reconstruire la relation, établissez ensemble des règles et des attentes claires pour restaurer la confiance.

7. **Transformez cette expérience en apprentissage**
    o Que la relation continue ou non, utilisez cette épreuve pour mieux comprendre vos dynamiques relationnelles et améliorer vos futures interactions.

**Inspiration Finale**

L'infidélité est une blessure qui ne peut être ignorée, mais elle offre aussi une opportunité pour aller au-delà des apparences et explorer les vérités cachées dans une relation. Elle nous rappelle que l'amour ne se nourrit pas uniquement de promesses, mais d'une attention constante aux besoins de chacun. Si elle est affrontée avec honnêteté

**Même si vous ne le lisez pas, partagez-le !**
Aurore Zanetti

et courage, cette épreuve peut devenir un catalyseur pour une meilleure compréhension de soi et des autres. C'est dans ces moments de vulnérabilité que se trouvent souvent les plus grandes forces de transformation.

**Même si vous ne le lisez pas, partagez-le !**
Aurore Zanetti

Quand vous vous sentez trahi.

> La trahison n'est pas la fin d'une relation, mais le début d'une vérité sur soi et sur les autres.

**Même si vous ne le lisez pas, partagez-le !**
Aurore Zanetti

Cette parole inspirante offre une perspective constructive sur la trahison, en la présentant non pas comme une simple rupture, mais comme une révélation. Elle nous invite à voir la trahison comme un moment de vérité, un éclairage brutal mais nécessaire sur les dynamiques d'une relation et sur la connaissance de soi.

**Analyse globale**

- *La trahison* : Elle représente une rupture de confiance, un acte qui brise les attentes et les engagements implicites ou explicites dans une relation.

- *Pas la fin d'une relation* : Si une trahison peut marquer la fin d'un lien, elle peut également être le point de départ d'une reconstruction ou d'une réévaluation, qu'il s'agisse de la relation ou de soi-même.

- *Le début d'une vérité sur soi et sur les autres* : La trahison dévoile souvent des dynamiques cachées : des insécurités, des manques, ou des besoins non exprimés. Elle oblige à une introspection et à une réflexion sur la nature et la qualité des relations.

**Analyse psychologique**

- *La douleur de la trahison* : Elle génère des émotions intenses comme la colère, la tristesse, ou le sentiment d'abandon, qui peuvent ébranler l'estime de soi.

- *Un levier pour la connaissance de soi* : En analysant pourquoi la trahison a eu un tel impact, on explore souvent ses propres attentes, ses limites et ses valeurs.

- *Révélation sur l'autre* : La trahison peut mettre en lumière les véritables intentions, priorités ou failles de l'autre, parfois dissimulées derrière des apparences.

**Processus émotionnels et cognitifs**

- *Réévaluation des relations* : La trahison pousse à reconsidérer le lien avec l'autre : était-il basé sur une confiance authentique ou sur des illusions ?
- *Restructuration identitaire* : Elle invite à redéfinir son rôle dans la relation et à renforcer son autonomie émotionnelle.
- *Régulation émotionnelle* : Pour dépasser la trahison, il est crucial d'apprendre à gérer les émotions négatives qu'elle suscite, comme le ressentiment ou la rancune.

**Conseils Pratiques**

1. **Prenez du recul émotionnel**
   - Accordez-vous du temps pour digérer la trahison. Évitez de prendre des décisions impulsives sous le coup de l'émotion.

2. **Analysez la situation avec objectivité**
   - Posez-vous ces questions : *"Qu'est-ce qui a conduit à cette trahison ?", "Quelles dynamiques dans la relation ont permis cela ?", "Qu'est-ce que cela dit sur mes attentes et sur celles de l'autre ?"*

3. **Reconnaissez vos émotions**
    - Permettez-vous de ressentir pleinement votre colère, votre tristesse ou votre déception. Écrire dans un journal ou parler à un proche peut aider à libérer ces émotions.
4. **Identifiez vos valeurs et vos limites**
    - Clarifiez ce qui est essentiel pour vous dans une relation : la confiance, le respect, la communication. Cela vous guidera dans vos futures interactions.
5. **Évaluez la relation**
    - Réfléchissez si la relation peut être reconstruite. Si oui, cela nécessite un dialogue sincère et des actions concrètes pour restaurer la confiance. Si non, acceptez de tourner la page pour protéger votre bien-être.
6. **Transformez la douleur en apprentissage**
    - Cherchez les leçons que vous pouvez tirer de cette expérience : *"Comment puis-je mieux exprimer mes attentes ?"*, *"Qu'est-ce que cela m'a appris sur moi et sur les autres ?"*
7. **Entourez-vous de soutien**
    - Parlez à des amis de confiance, à des membres de votre famille ou à un thérapeute pour naviguer dans cette période difficile.

**Inspiration Finale**

La trahison, bien qu'intense et douloureuse, n'est pas seulement une fin ; c'est une invitation à voir les choses sous un nouveau jour. Elle révèle non seulement la nature des relations, mais aussi vos propres forces et vulnérabilités. C'est dans ces moments de rupture que naissent souvent les plus grandes transformations personnelles. La vérité qu'elle apporte, bien que difficile à accepter, est une opportunité de grandir, de guérir, et de construire des liens plus authentiques, avec soi-même et avec les autres.

# Se Libérer des Épines

Quand l'un de vos proches s'éloigne de vous au moment où vous commencez à être heureux.

Certains se montrent proches dans votre malheur, non par bienveillance, mais parce que votre souffrance les rassure. Quand vous retrouvez le bonheur, leur absence révèle que ce n'était pas vous qu'ils soutenaient, mais leur propre satisfaction cachée.

Même si vous ne le lisez pas, partagez-le !
Aurore Zanetti

Cette parole inspirante met en lumière une dynamique relationnelle complexe : l'intérêt parfois intéressé ou inconscient que certaines personnes portent aux souffrances d'autrui. Elle évoque l'idée que certains "soutiens" apparents ne sont pas motivés par l'empathie, mais par un besoin personnel de confort émotionnel, voire de supériorité. Ce constat, bien que désillusionnant, ouvre la voie à une réflexion plus profonde sur la nature des relations authentiques.

**Analyse globale**

- *Certains se montrent proches dans votre malheur* : Ces individus adoptent une posture de proximité dans les moments difficiles, mais leur motivation réelle peut être teintée d'intérêts personnels.

- *Votre souffrance les rassure* : Cette partie pointe le mécanisme par lequel voir quelqu'un dans une situation de détresse les conforte dans leur propre position ou leur donne un sentiment de contrôle.

- *Quand vous retrouvez le bonheur* : La joie et la réussite révèlent souvent les véritables intentions des autres. Les relations fondées sur des motivations égoïstes tendent à s'éclipser lorsque la situation ne nourrit plus ces besoins.

**Analyse psychologique**

- *La désillusion relationnelle* : Découvrir que certaines relations sont basées sur des motivations intéressées peut provoquer des sentiments de trahison, de déception ou d'amertume.

- *Leçon sur l'authenticité* : Cette expérience, bien que douloureuse, aide à discerner les relations authentiques de celles qui sont conditionnelles ou opportunistes.

- *Renforcement de l'autonomie émotionnelle* : En prenant conscience de ces dynamiques, on apprend à moins dépendre des autres pour son bien-être et à valoriser les liens sincères.

**Processus émotionnels et cognitifs**

- *Analyse des motivations des autres* : Cette parole inspirante pousse à examiner avec lucidité les comportements et les intentions des personnes qui nous entourent, surtout en période de vulnérabilité.

- *Développement de la résilience* : Comprendre que toutes les relations ne sont pas authentiques renforce la capacité à surmonter les déceptions relationnelles.

- *Reconstruction des attentes* : Elle invite à revoir ses attentes envers les autres, en privilégiant la qualité et la sincérité des interactions sur la quantité ou l'apparence de proximité.

**Conseils Pratiques**

1. **Évaluez vos relations dans les moments clés**
   - Observez qui reste présent et sincère lorsque vous traversez des périodes de bonheur ou de réussite. Cela permet d'identifier les liens authentiques.

2. **Soyez attentif aux motivations cachées**
    - Posez-vous cette question : *"Cette personne m'aide-t-elle vraiment pour moi ou pour ce que cela lui apporte ?"* Écoutez vos instincts face aux comportements ambigus.
3. **Acceptez la nature changeante des relations**
    - Comprenez que certaines personnes jouent un rôle temporaire dans votre vie. Leur départ, bien que difficile, peut être une étape vers des relations plus alignées avec vos valeurs.
4. **Privilégiez la réciprocité émotionnelle**
    - Entourez-vous de personnes qui sont aussi présentes dans vos moments de joie que dans vos périodes de difficulté. Ces relations équilibrées sont les plus durables et enrichissantes.
5. **Faites preuve de gratitude envers les soutiens sincères**
    - Identifiez et remerciez les personnes qui vous accompagnent par pure bienveillance, sans attentes cachées. Cela renforce ces liens précieux.
6. **Protégez votre énergie émotionnelle**
    - Ne gaspillez pas votre énergie à maintenir des relations qui ne vous apportent pas de soutien mutuel ou de bien-être. Apprenez à poser des limites claires.

7. **Cultivez votre autonomie émotionnelle**
    - Développez des ressources internes pour gérer vos émotions, afin de ne pas dépendre uniquement des autres pour trouver du réconfort ou valider vos réussites.

**Inspiration Finale**

La douleur de découvrir des motivations cachées dans vos relations peut être un puissant catalyseur de croissance. Ce tri naturel, bien qu'il puisse sembler cruel, révèle les véritables soutiens dans votre vie et vous aide à renforcer les liens sincères. Souvenez-vous que votre bonheur authentique est un révélateur puissant : il éclaire les cœurs honnêtes et fait fuir ceux qui ne cherchaient qu'à nourrir leur propre ego. Continuez à avancer avec confiance, car chaque pas vous rapproche de ceux qui méritent vraiment une place à vos côtés.

**Même si vous ne le lisez pas, partagez-le !**
Aurore Zanetti

Quand vous êtes victime de médisance.

La médisance est l'écho d'une insécurité, un murmure qui tente d'éteindre la lumière des autres pour apaiser une ombre en soi.

Cette parole inspirante offre une interprétation profonde de la médisance, en la reliant à l'insécurité intérieure de ceux qui la pratiquent. Elle montre que ce comportement, bien qu'apparemment dirigé contre autrui, est en réalité une tentative de gestion maladroite d'une ombre intérieure, c'est-à-dire un sentiment de manque ou de vulnérabilité.

**Analyse globale**

- *L'écho d'une insécurité* : La médisance reflète souvent des frustrations ou des insécurités personnelles que l'on projette sur les autres. En critiquant autrui, une personne cherche à détourner l'attention de ses propres failles.

- *Un murmure qui tente d'éteindre la lumière des autres* : Par ses critiques, le médisant essaie de minimiser les qualités ou le succès des autres, comme pour réduire leur éclat.

- *Pour apaiser une ombre en soi* : L'ombre symbolise les insécurités profondes, les regrets ou les complexes. La médisance devient alors un mécanisme de défense pour éviter de faire face à ces blessures internes.

**Analyse psychologique**

- *Sur la victime de la médisance* : Elle peut ressentir une baisse d'estime de soi ou d'injustice, surtout si elle est incomprise ou isolée.

- *Sur le médisant* : Ce comportement renforce un cercle vicieux, car il n'apporte qu'un apaisement temporaire sans résoudre les causes profondes de l'insécurité.

- *Sur les relations* : La médisance sème la méfiance et la division, érodant la qualité des liens sociaux.

**Processus émotionnels et cognitifs**

- *Projection* : Le médisant projette sur autrui des sentiments ou des peurs qu'il n'accepte pas en lui-même. Critiquer l'autre lui permet de soulager momentanément ce malaise.

- *Comparaison sociale* : La médisance naît souvent de la comparaison, où l'autre est perçu comme une menace à son propre sentiment de valeur.

- *Renforcement négatif* : Bien que la médisance offre un soulagement temporaire, elle aggrave l'insécurité sous-jacente, car elle détourne de l'introspection et du travail personnel.

**Conseils Pratiques**

1. **Si vous êtes victime de médisance**
   - *Ne prenez pas les critiques personnellement* : Comprenez que la médisance parle plus de l'insécurité de l'autre que de vos qualités ou défauts.
   - *Affirmez votre valeur* : Rappelez-vous vos forces et vos réussites, et ne laissez pas les mots des autres définir votre estime de soi.

2. **Si vous êtes témoin de médisance**
   - *Encouragez une approche constructive* : Orientez la conversation vers des aspects positifs ou proposez une discussion ouverte pour clarifier les malentendus.
   - *Refusez de participer* : Prenez position en vous retirant ou en exprimant que vous préférez parler de sujets positifs.

3. **Si vous êtes tenté par la médisance**
    - *Explorez vos émotions* : Identifiez ce qui vous pousse à critiquer. Demandez-vous : *"Qu'est-ce que cela révèle sur moi ?"*.
    - *Pratiquez l'autocompassion* : Apprenez à accepter vos insécurités et à travailler dessus sans les projeter sur les autres.
    - *Focalisez sur la reconnaissance* : Remplacez la critique par des compliments sincères. Cela vous aide à apprécier les autres sans ressentir de menace.
4. **Renforcez votre résilience**
    - *Entourez-vous de personnes bienveillantes* : Choisissez des cercles où les discussions sont constructives et non destructrices.
    - *Pratiquez la gratitude* : Chaque jour, notez trois choses pour lesquelles vous êtes reconnaissant. Cela réduit le besoin de comparaison sociale.
5. **Faites preuve de discernement**
    - Apprenez à distinguer une critique constructive, qui vise à vous faire grandir, de la médisance, qui cherche à vous rabaisser. Répondez avec calme et assurance dans les deux cas.

**Inspiration Finale**

La médisance est un masque fragile pour une insécurité profonde. Elle ne peut éteindre la lumière des autres, mais peut ternir l'âme de celui qui la pratique. En cultivant l'authenticité, l'empathie et le respect, vous construisez un espace où votre propre lumière peut briller sans

**Même si vous ne le lisez pas, partagez-le !**
Aurore Zanetti

crainte de l'éclat des autres. Refusez de céder à l'ombre de la critique injuste et continuez d'avancer avec la sérénité de savoir que votre valeur est intacte, quelles que soient les paroles qui cherchent à l'ébranler.

**Même si vous ne le lisez pas, partagez-le !**
Aurore Zanetti

**Même si vous ne le lisez pas, partagez-le !**
Aurore Zanetti

Quand on vous dit ce que vous voulez entendre.

Méfiez-vous de ceux qui murmurent ce que vous voulez entendre, car leurs mots risquent d'étouffer ce que vous ressentez réellement.

**Même si vous ne le lisez pas, partagez-le !**
Aurore Zanetti

Cette parole inspirante met en garde contre les flatteries ou les paroles calculées, qui, bien qu'apparentes comme bienveillantes, peuvent masquer des intentions manipulatrices. Elle met en lumière le danger de se laisser séduire par des mots qui nourrissent l'ego au détriment de sa propre vérité intérieure. Elle invite à cultiver une écoute attentive de soi-même pour ne pas perdre le contact avec ses émotions et ses besoins profonds.

**Analyse globale**

- *Ceux qui murmurent ce que vous voulez entendre* : Ces personnes adaptent leurs paroles pour plaire ou obtenir un avantage, plutôt que pour exprimer une vérité sincère.

- *Leurs mots risquent d'étouffer ce que vous ressentez réellement* : En se concentrant sur les flatteries ou les discours rassurants, on risque de négliger ses propres émotions ou de passer à côté d'un ressenti authentique.

**Analyse psychologique**

- *L'attrait des mots flatteurs* : Les paroles qui confortent nos désirs ou nos attentes activent des mécanismes de plaisir immédiat, mais peuvent nous rendre vulnérables à la manipulation.

- *La dissonance émotionnelle* : Lorsque les mots d'autrui ne résonnent pas avec notre ressenti, cela peut créer une tension interne, où l'on doute de ses propres perceptions.

- *La perte de confiance en soi* : Se fier uniquement aux paroles flatteuses peut éroder la connexion à son intuition et à son jugement personnel, favorisant une dépendance à l'approbation extérieure.

**Processus émotionnels et cognitifs**

- *Biais d'auto-complaisance* : Les flatteries répondent à notre besoin de validation, mais elles peuvent aussi masquer des vérités inconfortables que l'on préfère ignorer.
- *L'écho émotionnel* : Nos émotions servent de guide, et ignorer ce que l'on ressent en faveur de paroles séduisantes peut brouiller cette boussole intérieure.
- *La vigilance cognitive* : Développer une réflexion critique face aux paroles flatteuses aide à discerner ce qui est sincère de ce qui est manipulateur.

**Conseils Pratiques**

1. **Écoutez vos émotions avant tout**
   - Prenez un moment pour vérifier si ce que l'on vous dit résonne avec ce que vous ressentez. Posez-vous la question : *"Est-ce que cela correspond vraiment à mon intuition ou à mes besoins profonds ?"*

2. **Cherchez la cohérence entre les mots et les actions**
   - Observez si les paroles flatteuses sont suivies d'actes alignés. Une personne sincère agit généralement en cohérence avec ce qu'elle dit.

3. **Apprenez à détecter les intentions cachées**
   - Analysez le contexte des compliments ou des paroles rassurantes. Demandez-vous : *"Pourquoi cette personne me dit-elle cela maintenant ?"* ou *"Y a-t-il un enjeu pour elle dans cette situation ?"*

4. **Renforcez votre connexion intérieure**
    - Pratiquez la méditation ou le journal introspectif pour cultiver votre capacité à entendre et à faire confiance à vos propres émotions et ressentis.

5. **Posez des limites claires**
    - Si vous sentez qu'une personne tente de manipuler vos émotions par ses paroles, affirmez calmement votre position : *"J'apprécie ce que tu dis, mais voici ce que je ressens."*

6. **Valorisez l'honnêteté sur la flatterie**
    - Privilégiez les relations où la vérité, même inconfortable, est exprimée avec bienveillance, plutôt que celles où les mots sont conçus pour plaire ou manipuler.

7. **Faites appel à votre intuition**
    - Si une situation ou des paroles vous semblent trop belles pour être vraies, faites confiance à votre instinct. Prenez du recul pour évaluer si elles reflètent réellement vos besoins et votre réalité.

**Inspiration Finale**

Les mots séduisants peuvent temporairement apaiser, mais ils ne remplaceront jamais la vérité que vous ressentez au plus profond de vous-même. Cultivez une relation authentique avec vos émotions et vos intuitions, car elles sont les guides les plus sûrs pour naviguer dans la complexité des interactions humaines. Les paroles sincères ne cherchent pas à vous flatter, mais à vous enrichir. Alors, ne craignez pas la vérité, même si elle est difficile, car elle est le fondement d'une vie alignée et d'une confiance durable.

**Même si vous ne le lisez pas, partagez-le !**
Aurore Zanetti

Quand un pervers narcissique rôde autour de vous.

> Les manipulations d'un pervers narcissique s'effondrent quand vous cessez de chercher sa validation.

Même si vous ne le lisez pas, partagez-le !
Aurore Zanetti

Cette parole inspirante met en lumière la dynamique de pouvoir qui sous-tend la relation avec un pervers narcissique. Elle montre que le contrôle exercé par ce type de personnalité repose sur un besoin fondamental : celui de dominer l'estime de soi de l'autre en jouant sur son besoin de reconnaissance. En cessant de chercher cette validation, vous retirez à la personne narcissique l'accès à l'une de ses principales sources d'influence.

**Analyse globale**

- *Les manipulations d'un pervers narcissique* : Ces manipulations incluent des stratégies telles que la culpabilisation, le gaslighting (manipulation de la perception de la réalité), ou l'alternance entre flatteries et dévalorisations pour maintenir leur emprise.

- *S'effondrent* : Lorsque la victime cesse de participer au jeu en cherchant l'approbation du manipulateur, son pouvoir perd de son efficacité.

- *Cessez de chercher sa validation* : Cette étape cruciale consiste à rompre le lien émotionnel toxique qui nourrit la dépendance et à renforcer son autonomie personnelle.

**Analyse psychologique**

- *La dépendance à la validation* : Un pervers narcissique exploite souvent les insécurités ou le besoin de reconnaissance de sa victime pour asseoir son contrôle.

- *Le processus de libération* : En arrêtant de chercher cette validation, la victime reprend le contrôle sur son estime de soi et sort du cycle de manipulation.

- *La reconstruction de l'identité* : Cette prise de distance émotionnelle permet de reconstruire son identité en dehors de l'influence du manipulateur.

**Processus émotionnels et cognitifs**

- *Désactivation des mécanismes de contrôle* : Les tactiques manipulatrices, comme la critique ou la flatterie calculée, perdent leur impact si la victime refuse de leur accorder de l'importance.

- *Renforcement de l'estime de soi* : En cessant de chercher l'approbation extérieure, la personne développe une confiance en elle-même qui ne dépend plus des jugements d'autrui.

- *Réévaluation cognitive* : Prendre conscience des schémas manipulatoires permet de reprogrammer sa perception et de briser l'emprise psychologique.

**Conseils Pratiques**

1. **Reconnaissez les schémas manipulatoires**
   - Prenez conscience des comportements typiques d'un pervers narcissique, tels que les critiques déguisées, les compliments intéressés ou le gaslighting.

2. **Renforcez votre estime de soi**
    - Notez chaque jour vos réussites et vos qualités, pour ancrer une validation interne et réduire votre dépendance à l'approbation extérieure.

3. **Pratiquez la distance émotionnelle**
    - Apprenez à ne pas réagir de manière émotionnelle aux provocations ou aux manipulations. Cela désarme le manipulateur et réduit son pouvoir sur vous.

4. **Fixez des limites claires**
    - Établissez des frontières fermes en exprimant ce qui est acceptable ou non dans votre relation. Par exemple : *"Je ne tolérerai pas les critiques destructrices."*

5. **Entourez-vous de soutiens bienveillants**
    - Recherchez des amis, de la famille ou des groupes de soutien pour vous aider à garder une perspective objective sur la relation et à renforcer votre confiance.

6. **Apprenez à dire non sans culpabilité**
    - Refusez les demandes ou les comportements qui vous mettent mal à l'aise. Le mot "non" est un outil puissant pour préserver votre bien-être.

7. **Consultez un professionnel si nécessaire**
    - Si la relation est particulièrement toxique, un thérapeute peut vous aider à comprendre la dynamique et à élaborer une stratégie pour vous protéger.

**Inspiration Finale**

Un pervers narcissique ne peut prospérer que dans un environnement où sa validation est recherchée et son contrôle accepté. En cessant de chercher cette approbation, vous reprenez votre pouvoir et faites s'effondrer le pilier central de ses manipulations. Vous méritez une vie où votre estime de soi repose sur vos valeurs, vos forces et vos réussites, et non sur les opinions fluctuantes d'un autre. Prenez le contrôle de votre histoire et avancez avec confiance, libre des chaînes invisibles de la manipulation.

**Même si vous ne le lisez pas, partagez-le !**
Aurore Zanetti

Quand vous ressentez la méchanceté des autres.

> La méchanceté est souvent le cri silencieux d'un cœur blessé qui n'a pas appris à s'aimer.

Cette parole inspirante révèle une perspective compassionnelle sur la méchanceté, en la considérant non pas comme une simple manifestation de cruauté ou de malveillance, mais comme une expression indirecte de souffrances non résolues. Elle met en lumière le lien profond entre un manque d'amour de soi et des comportements négatifs envers autrui.

**Analyse globale**

- *La méchanceté est souvent le cri silencieux* : La méchanceté, bien qu'exprimée de manière externe, cache souvent une douleur intérieure. Elle devient une manière, consciente ou non, d'attirer l'attention ou de libérer une frustration.
- *D'un cœur blessé* : Ces blessures peuvent provenir de traumatismes, de rejets, ou d'un manque d'affection ou de reconnaissance dans le passé.
- *Qui n'a pas appris à s'aimer* : Le manque d'amour de soi engendre des insécurités, des comparaisons destructrices et une difficulté à gérer les émotions, ce qui se traduit parfois par des comportements blessants envers les autres.

**Analyse psychologique**

- *Sur l'individu méchant* : La méchanceté est souvent une défense pour masquer une vulnérabilité. Elle crée un cercle vicieux où les blessures non résolues conduisent à des comportements négatifs, qui isolent davantage la personne.
- *Sur la victime de méchanceté* : Subir de la méchanceté peut affecter l'estime de soi, mais comprendre son origine permet parfois de désamorcer ses effets.

- *Sur les relations* : La méchanceté, si elle n'est pas reconnue et traitée, érode la confiance et la qualité des relations, renforçant l'isolement des deux parties.

**Processus émotionnels et cognitifs**

- *Projection des insécurités* : La personne méchante projette ses propres blessures ou manques sur les autres, évitant ainsi de les confronter directement.

- *Défense contre la vulnérabilité* : La méchanceté agit comme un bouclier pour éviter de montrer des faiblesses ou des émotions refoulées.

- *L'amour de soi comme antidote* : Apprendre à s'aimer permet de réduire les comportements destructeurs en offrant un espace de guérison et de paix intérieure.

**Conseils Pratiques**

1. **Si vous êtes victime de méchanceté**

    - *Ne répondez pas à l'agression* : Gardez votre calme. Réagir avec colère alimente souvent le cycle de négativité.

    - *Essayez de comprendre l'origine* : Si la situation le permet, explorez la raison derrière le comportement : "Pourquoi cette personne agit-elle ainsi ? Est-ce lié à une souffrance qu'elle porte ?"

    - *Protégez votre bien-être* : Établissez des limites claires pour éviter de subir des comportements toxiques à répétition.

2. **Si vous remarquez de la méchanceté chez vous**
    - *Identifiez vos émotions sous-jacentes* : Demandez-vous : *"Quelle douleur ou frustration essaie-je de masquer ?"* ou *"Que ressens-je réellement ?"*
    - *Pratiquez l'autocompassion* : Apprenez à vous parler avec bienveillance. Dites-vous : *"Je mérite de guérir mes blessures, pas de les projeter sur les autres."*
    - *Cherchez un espace pour libérer vos émotions* : Utilisez des moyens constructifs pour exprimer votre douleur, comme l'écriture, le sport ou la méditation.

3. **Renforcez votre amour de soi**
    - *Pratiquez la gratitude personnelle* : Notez chaque jour trois choses que vous appréciez en vous-même, même les plus simples.
    - *Entourez-vous de soutien positif* : Passez du temps avec des personnes bienveillantes qui vous encouragent à grandir et à vous aimer.
    - *Travaillez avec un professionnel si nécessaire* : La thérapie peut aider à explorer les blessures profondes et à apprendre des outils pour les surmonter.

4. **Développez l'empathie envers les autres**
    - *Rappelez-vous que la méchanceté est souvent le symptôme d'une douleur intérieure. Cela ne justifie pas le comportement, mais aide à comprendre l'origine et à réagir avec sagesse.*

**Inspiration Finale**

La méchanceté, bien qu'elle puisse blesser, est souvent le reflet d'une bataille intérieure invisible. Comprendre cela, pour soi-même ou pour les autres, est une clé pour briser le cycle de la douleur et de la négativité. En cultivant l'amour de soi, vous désarmez cette colère et ouvrez la voie à des relations plus authentiques et apaisées. Soyez un phare de bienveillance, pour vous et pour ceux qui n'ont pas encore trouvé la lumière en eux-mêmes.

# La Lumière Intérieure

*Même si vous ne le lisez pas, partagez-le !*
Aurore Zanetti

Quand vous vous sentez emprisonné par des petits mensonges.

Les petits mensonges sont des cailloux semés sur le chemin de la confiance ; à force de s'accumuler, ils finissent par entraver le passage.

Cette parole inspirante illustre comment les "petits" mensonges, bien que souvent perçus comme inoffensifs, peuvent avoir des conséquences significatives sur la solidité et la fluidité des relations humaines. Elle met en lumière l'effet cumulatif des comportements apparemment anodins et leur capacité à miner progressivement la confiance, élément fondamental de toute relation authentique.

**Analyse globale**

- *Les petits mensonges sont des cailloux* : Chaque mensonge, même minime, représente une altération de la transparence et de la sincérité dans une relation.

- *Semés sur le chemin de la confiance* : La confiance, comme un chemin, doit être claire et dégagée pour permettre une progression fluide. Les mensonges créent des obstacles sur ce parcours.

- *À force de s'accumuler, ils finissent par entraver le passage* : L'accumulation de petits mensonges, souvent perçus comme insignifiants, peut finir par créer une barrière insurmontable, rendant la relation difficile ou même impossible à maintenir.

**Analyse psychologique**

- *Effet cumulatif des mensonges* : Même s'ils semblent isolés, les petits mensonges s'ajoutent les uns aux autres, créant une atmosphère de méfiance latente.

- *Érosion de la sécurité émotionnelle* : La transparence favorise un sentiment de sécurité. Chaque mensonge, aussi petit soit-il, crée une fissure dans cette sécurité.

- *Perte de crédibilité* : Les mensonges répétés, même découverts tardivement, peuvent altérer de manière permanente la perception qu'a une personne de votre fiabilité.

**Processus émotionnels et cognitifs**

- *Rationalisation du mensonge* : Les petits mensonges sont souvent justifiés par des excuses comme "protéger l'autre" ou "éviter des conflits". Mais ces rationalisations cachent souvent une difficulté à affronter des vérités inconfortables.
- *Méfiance croissante* : Une fois qu'un mensonge est découvert, même s'il est petit, il amène l'autre à remettre en question la véracité d'autres aspects de la relation.
- *Le fardeau de la mémoire* : Mentir, même légèrement, impose une charge cognitive supplémentaire, car il faut se souvenir de ses mensonges pour éviter les contradictions.

**Conseils Pratiques**

1. **Soyez conscient de vos motivations à mentir**
    - Avant de dire un "petit" mensonge, demandez-vous : "Est-ce vraiment nécessaire ? Qu'est-ce que j'essaie d'éviter ou de protéger ?"
2. **Pratiquez une honnêteté bienveillante**
    - Lorsque vous devez dire une vérité délicate, faites-le avec tact et empathie. Exprimez-vous de manière à respecter les sentiments de l'autre, tout en restant sincère.

3. **Prenez la responsabilité de vos erreurs**
    - Si un mensonge a été découvert, reconnaissez-le rapidement. Dites : *"J'aurais dû être honnête avec toi. Je m'excuse et je veux regagner ta confiance."*
4. **Cultivez une culture de la vérité dans vos relations**
    - Encouragez un dialogue ouvert en créant un espace où chacun peut s'exprimer sans crainte de jugement ou de représailles. Cela réduit le besoin de mentir.
5. **Soyez attentif à l'impact des mensonges sur la relation**
    - Rappelez-vous que chaque mensonge, même petit, peut laisser une empreinte durable. Avant de mentir, réfléchissez aux conséquences potentielles sur la relation.
6. **Rebâtissez la confiance si elle est érodée**
    - Si des mensonges ont entravé votre relation, engagez-vous activement dans des actions et des comportements transparents pour la reconstruire.
7. **Faites preuve de bienveillance envers vous-même et les autres**
    - Les erreurs et les mensonges arrivent. Ce qui compte, c'est votre volonté de les reconnaître et de changer pour préserver ou restaurer la confiance.

**Inspiration Finale**

La confiance est un chemin délicat, construit avec soin et maintenu par des actes constants de sincérité. Chaque "petit" mensonge est un caillou qui, une fois ignoré, peut grandir en un mur infranchissable. En choisissant l'authenticité et la transparence, vous laissez ce chemin dégagé, permettant à vos relations de s'épanouir dans un climat de respect mutuel et de sécurité émotionnelle. Le choix de la vérité, même dans les petites choses, est un acte d'amour et de respect envers soi-même et les autres.

**Même si vous ne le lisez pas, partagez-le !**
Aurore Zanetti

Quand vous hésitez à parler.

Les non-dits sont des silences qui pèsent, mais chaque mot retenu est une occasion manquée de construire une relation plus vraie.

Même si vous ne le lisez pas, partagez-le !
Aurore Zanetti

Cette parole inspirante met en lumière le pouvoir transformateur de la communication authentique dans les relations humaines. Elle souligne le poids émotionnel des non-dits, qui peuvent miner subtilement les liens, et propose une réflexion sur l'importance de s'exprimer pour bâtir des relations basées sur la vérité, la compréhension et la confiance.

**Analyse globale**

- *Les non-dits sont des silences qui pèsent* : Les choses non exprimées, qu'il s'agisse de peurs, de désirs ou de ressentiments, ne disparaissent pas. Elles s'accumulent et créent une tension invisible mais palpable dans les relations.

- *Chaque mot retenu est une occasion manquée* : Ne pas exprimer ce que l'on pense ou ressent prive l'autre d'une chance de comprendre, de s'adapter ou de répondre aux besoins exprimés.

- *Construire une relation plus vraie* : Les relations solides se fondent sur une communication honnête, qui permet de clarifier les malentendus et de renforcer la proximité émotionnelle.

**Analyse psychologique**

- *Le fardeau des non-dits* : Garder des pensées ou des émotions pour soi peut engendrer du stress, de l'amertume ou un sentiment de déconnexion.

- *L'incompréhension mutuelle* : Les non-dits empêchent l'autre de savoir ce que vous ressentez vraiment, ce qui peut mener à des malentendus ou à des attentes non satisfaites.

- *La peur de la vulnérabilité* : Retenir ses mots découle souvent d'une peur du jugement ou du rejet. Pourtant, c'est en prenant le risque de se montrer vulnérable que l'on crée des connexions profondes.

**Processus émotionnels et cognitifs**

- *Le conflit interne* : Les non-dits peuvent entraîner une dissonance entre ce que l'on ressent et ce que l'on exprime, générant frustration ou regret.

- *L'impact sur l'autre* : Lorsque les attentes ou ressentis ne sont pas exprimés, l'autre peut interpréter vos silences de manière erronée, aggravant les incompréhensions.

- *La libération par la parole* : Exprimer ses émotions ou pensées, même de manière imparfaite, favorise un sentiment de soulagement et renforce la clarté dans la relation.

**Conseils Pratiques**

1. **Identifiez vos non-dits**
   - Prenez un moment pour réfléchir : *"Quelles pensées ou émotions importantes ai-je gardées pour moi ?"* Notez-les pour clarifier ce que vous souhaitez exprimer.

2. **Commencez petit**
   - Si vous avez peur de vous exprimer, commencez par des sujets moins sensibles pour vous habituer à partager vos ressentis.

3. **Utilisez un langage "je"**
    - Évitez d'accuser ou de blâmer. Par exemple, dites : *"Je ressens de la tristesse quand nous ne discutons pas de nos désaccords."* Cela ouvre la porte à un dialogue respectueux.

4. **Choisissez le bon moment et le bon lieu**
    - Parlez dans un environnement calme, propice à une écoute mutuelle. Évitez les discussions importantes lorsque l'autre est stressé ou distrait.

5. **Accueillez la réaction de l'autre**
    - Donnez à l'autre la chance de répondre ou de partager ses propres émotions. Une communication authentique est toujours une interaction à double sens.

6. **Soyez bienveillant envers vous-même**
    - Acceptez que s'exprimer peut être difficile et imparfait. L'important est d'essayer et de progresser petit à petit.

7. **Établissez une pratique régulière de communication**
    - Faites des check-ins émotionnels dans vos relations : *"Y a-t-il quelque chose que tu aimerais partager ou discuter avec moi ?"* Cela encourage un climat de transparence.

**Inspiration Finale**

Les non-dits sont des fardeaux invisibles qui s'accumulent dans l'ombre des relations, créant des murs là où des ponts pourraient être construits. Chaque mot retenu est une occasion manquée de mieux se comprendre, de s'aimer davantage ou de se rapprocher. En osant mettre en lumière vos pensées et vos émotions, vous ouvrez la voie à des relations plus vraies, plus riches et plus épanouissantes. La vérité, même délicate, est toujours une preuve de respect, pour vous-même et pour ceux qui comptent vraiment.

**Même si vous ne le lisez pas, partagez-le !**
Aurore Zanetti

**Même si vous ne le lisez pas, partagez-le !**
Aurore Zanetti

Quand vous faites face à des apparences trompeuses.

L'hypocrisie est un masque que l'on porte pour plaire aux autres, mais qui finit par étouffer notre propre vérité.

**Même si vous ne le lisez pas, partagez-le !**
Aurore Zanetti

Cette parole inspirante explore la nature de l'hypocrisie, à la fois comme un outil de survie sociale et un poids émotionnel. Elle met en lumière le conflit entre le besoin d'approbation externe et l'authenticité personnelle, soulignant que l'hypocrisie, bien qu'elle semble faciliter les interactions, finit par avoir un coût intérieur.

**Analyse globale**

- *Un masque que l'on porte pour plaire aux autres* : L'hypocrisie consiste à présenter une version de soi qui répond aux attentes des autres, souvent au détriment de sa propre vérité.

- *Qui finit par étouffer notre propre vérité* : À force de se conformer et de masquer ses véritables pensées ou émotions, on perd contact avec soi-même, créant un sentiment d'aliénation et de vide intérieur.

**Analyse psychologique**

- *Lutte entre authenticité et approbation* : L'hypocrisie naît souvent d'une peur du rejet ou du jugement. Pour éviter le conflit ou satisfaire les normes sociales, on sacrifie une partie de sa sincérité.

- *Effets à long terme* : Porter ce masque peut conduire à une perte de confiance en soi, car l'individu vit en contradiction avec ses valeurs et ses émotions réelles.

- *Érosion des relations* : L'hypocrisie peut éloigner les autres, car les interactions fondées sur des apparences manquent de profondeur et de sincérité.

### Processus émotionnels et cognitifs

- *Dissonance cognitive* : Être hypocrite génère une tension entre ce que l'on ressent ou pense réellement et ce que l'on exprime ou montre. Cette dissonance peut entraîner du stress ou un sentiment d'inauthenticité.

- *Besoin d'approbation* : Ce comportement est souvent motivé par un désir inconscient d'être aimé ou accepté, mais il masque une insécurité intérieure.

- *Conséquences sur l'estime de soi* : En reniant sa propre vérité, on envoie à soi-même le message que ses pensées ou émotions ne sont pas valides, ce qui fragilise l'image de soi.

### Conseils Pratiques

1. **Identifiez vos masques**
    - Demandez-vous : *"Dans quelles situations ai-je tendance à cacher ce que je ressens ou pense réellement ? Pourquoi ?"* Prenez conscience des moments où vous sacrifiez votre authenticité.

2. **Acceptez vos imperfections**
    - Rappelez-vous que vous n'avez pas besoin de plaire à tout le monde. Acceptez vos limites et vos failles comme faisant partie de votre humanité.

3. **Pratiquez l'authenticité progressive**
    - Commencez par exprimer vos vérités dans des situations à faible enjeu. Par exemple : *"Je ne suis pas tout à fait d'accord avec toi, mais j'aimerais comprendre ton point de vue."*
4. **Entourez-vous de personnes qui valorisent votre authenticité**
    - Cherchez des relations où vous vous sentez libre d'être vous-même, sans crainte de jugement. Cela renforcera votre confiance pour exprimer votre vérité.
5. **Évitez les compromis de valeurs**
    - Identifiez vos valeurs fondamentales et engagez-vous à ne pas les sacrifier pour plaire ou éviter un conflit.
6. **Apprenez à gérer la peur du rejet**
    - Remplacez les pensées limitantes comme *"Si je montre ma vraie personnalité, je serai rejeté"* par *"Ceux qui m'aiment pour qui je suis sont les seuls qui comptent."*
7. **Réconciliez-vous avec votre vérité intérieure**
    - Prenez le temps d'explorer vos véritables sentiments et besoins à travers le journal intime, la méditation ou un accompagnement thérapeutique.

**Inspiration Finale**

L'hypocrisie peut offrir un confort temporaire, mais à long terme, elle devient une prison pour l'âme. Se libérer de ce masque, même progressivement, permet de renouer avec sa vérité et de vivre des relations plus authentiques. Chaque pas vers l'honnêteté avec soi-même est un acte de courage, un geste d'amour pour sa propre essence. N'oubliez pas : votre vérité, même imparfaite, a infiniment plus de valeur que le plus beau des masques.

**Même si vous ne le lisez pas, partagez-le !**
Aurore Zanetti

Quand vous sombrez dans la paranoïa.

La paranoïa est un miroir déformant de la réalité, où nos peurs s'habillent de certitudes et nos doutes deviennent des vérités.

Même si vous ne le lisez pas, partagez-le !
Aurore Zanetti

Cette parole inspirante illustre avec profondeur la nature complexe de la paranoïa, qui transforme des appréhensions en croyances rigides. Elle met en lumière le processus par lequel les peurs intérieures prennent le contrôle de notre perception de la réalité, créant une vision altérée et souvent isolante du monde.

**Analyse globale**

- *Un miroir déformant de la réalité* : La paranoïa agit comme un prisme qui déforme la perception objective, amplifiant certains éléments et occultant d'autres pour créer une réalité subjective biaisée.

- *Nos peurs s'habillent de certitudes* : Les inquiétudes, au lieu d'être reconnues comme des hypothèses ou des émotions passagères, deviennent des convictions. Cela donne une illusion de contrôle, bien qu'elle soit basée sur une distorsion.

- *Nos doutes deviennent des vérités* : Ce qui était initialement une simple interrogation ou une incertitude se transforme en une croyance immuable, souvent sans preuve tangible, alimentant un cycle de méfiance et d'anxiété.

**Analyse psychologique**

- *Auto-renforcement des croyances* : La paranoïa pousse à interpréter les événements de manière à confirmer ses peurs, renforçant ainsi les croyances erronées.

- *Isolement émotionnel* : Le doute généralisé envers les autres ou les situations peut entraîner une rupture des liens sociaux et un sentiment croissant de solitude.

- *Stress et épuisement mental* : La méfiance constante génère un niveau élevé de vigilance, qui peut épuiser les ressources cognitives et émotionnelles.

**Même si vous ne le lisez pas, partagez-le !**
Aurore Zanetti

**Processus émotionnels et cognitifs**

- *Biais de confirmation* : La paranoïa exploite ce biais, où l'on cherche et interprète les informations de manière à valider ses croyances préexistantes.

- *Amplification des émotions négatives* : La peur et l'insécurité sont amplifiées par l'interprétation erronée des intentions ou des événements, créant un cercle vicieux.

- *Distorsions cognitives* : Les pensées paranoïaques incluent souvent des généralisations, des dramatisations ou des inférences injustifiées sur les intentions des autres.

**Conseils Pratiques**

1. **Identifiez vos peurs sous-jacentes**
    - Prenez le temps de réfléchir à ce qui nourrit vos pensées paranoïaques. Demandez-vous : *"Qu'est-ce que je redoute réellement ?"*

2. **Cherchez des preuves objectives**
    - Confrontez vos croyances avec des faits. Demandez-vous : *"Ai-je des preuves concrètes pour soutenir cette idée ?"* ou *"Quelles sont les autres explications possibles ?"*
3. **Pratiquez la pleine conscience**
    - La méditation ou les exercices de respiration peuvent aider à calmer l'esprit et à réduire les réactions émotionnelles automatiques qui alimentent la paranoïa.
4. **Partagez vos pensées avec une personne de confiance**
    - Parlez de vos craintes à quelqu'un qui peut vous offrir une perspective extérieure. Cela peut vous aider à voir les choses sous un angle différent.
5. **Remettez en question vos certitudes**
    - Adoptez une attitude de curiosité envers vos pensées : *"Et si cette idée n'était pas entièrement vraie ? Qu'est-ce que cela changerait ?"*
6. **Apprenez à tolérer l'incertitude**
    - La paranoïa est souvent alimentée par un besoin excessif de contrôle. Pratiquez l'acceptation de l'imprévu et rappelez-vous que tout ne peut pas être anticipé ou maîtrisé.

7. **Consultez un professionnel si nécessaire**
    - Si la paranoïa devient envahissante ou perturbe votre vie quotidienne, un thérapeute peut vous aider à explorer ses causes profondes et à développer des stratégies adaptées.

**Inspiration Finale**

La paranoïa n'est pas une fatalité, mais un signal de l'esprit qui appelle à l'apaisement et à la lucidité. En reconnaissant ses mécanismes, vous pouvez peu à peu détacher vos peurs de vos certitudes et retrouver une perception plus équilibrée du monde. N'oubliez pas : le miroir déformant peut être remplacé par un regard clair et bienveillant, d'abord envers vous-même, puis envers les autres. Vous méritez une réalité où la paix intérieure remplace l'agitation des doutes.

**Même si vous ne le lisez pas, partagez-le !**
Aurore Zanetti

Quand vous avez l'impression d'être dans le déni.

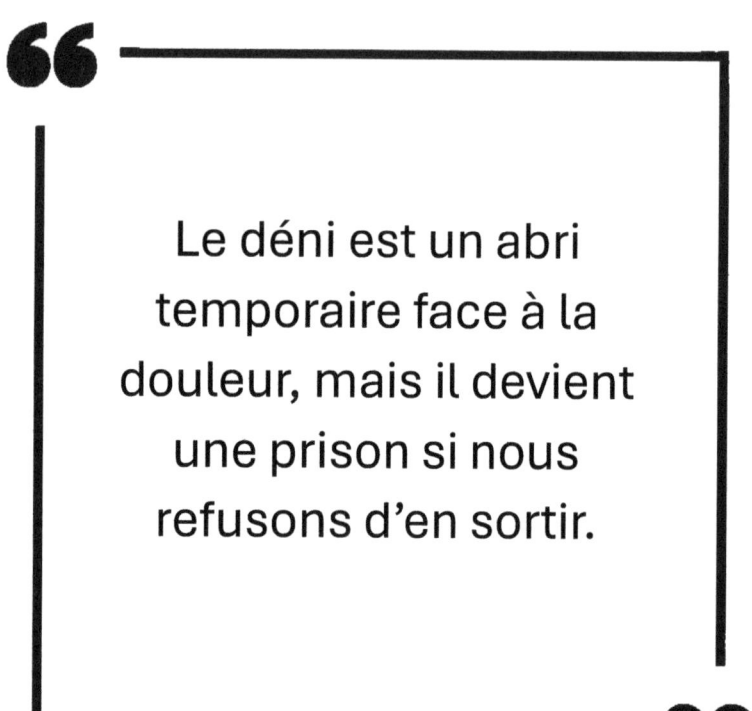

> Le déni est un abri temporaire face à la douleur, mais il devient une prison si nous refusons d'en sortir.

Cette parole inspirante met en lumière la dualité du déni : son rôle initial de mécanisme de défense face à un choc ou une douleur intense, et son potentiel à devenir un obstacle à la guérison lorsqu'il persiste trop longtemps. Elle illustre comment une stratégie d'évitement, d'abord utile, peut se transformer en barrière qui nous empêche d'affronter la réalité et de progresser.

**Analyse globale**

- *Un abri temporaire face à la douleur* : Le déni est une réponse naturelle face à une situation émotionnellement accablante. Il offre un répit, une sorte de bulle protectrice, permettant à l'esprit de ne pas être submergé immédiatement.

- *Devient une prison* : Si le déni persiste, il limite notre capacité à accepter, à comprendre et à agir. Il nous enferme dans une réalité alternative, nous isolant de la possibilité de grandir à travers l'expérience.

- *Refuser d'en sortir* : Sortir du déni demande du courage, car cela signifie affronter la douleur ou la vérité qui a été mise de côté. Refuser cette étape prolonge la souffrance et retarde la guérison.

**Analyse psychologique**

- *Protection immédiate* : Dans les premières phases d'un choc, le déni permet de réduire l'impact émotionnel et de gagner du temps pour assimiler progressivement la réalité.

- *Évitement prolongé* : À long terme, le déni maintient la douleur sous-jacente, la transformant en anxiété, en stress ou en conflits internes.

- *Blocage de la croissance* : En refusant d'accepter une vérité difficile, on s'empêche de tirer des leçons, de guérir ou de s'adapter à une nouvelle réalité.

**Processus émotionnels et cognitifs**

- *Mécanisme de défense inconscient* : Le déni agit comme une barrière mentale pour éviter un trop-plein émotionnel.
- *La dissonance cognitive* : Le conflit entre la réalité perçue et la réalité réelle crée une tension qui peut mener à des comportements d'évitement.
- *La libération par l'acceptation* : Reconnaître la réalité permet de libérer les émotions refoulées, d'engager un processus de guérison et de retrouver une clarté mentale.

**Conseils Pratiques**

1. **Reconnaissez le déni comme une étape normale**
   - Acceptez que le déni soit une réaction naturelle à la douleur. Ne vous blâmez pas pour cette phase, mais considérez-la comme temporaire.

2. **Soyez attentif aux signaux de stagnation**
   - Si vous remarquez des comportements d'évitement ou un refus persistant de faire face à une situation, demandez-vous : *"Qu'est-ce que j'essaie de fuir ?"*

3. **Créez un espace sécurisé pour explorer vos émotions**
   - Écrivez dans un journal, parlez à une personne de confiance ou consultez un professionnel pour exprimer et comprendre vos sentiments.

4. **Affrontez la réalité par étapes**
    - Divisez l'acceptation en petites étapes. Concentrez-vous sur un aspect à la fois pour éviter de vous sentir submergé.

5. **Pratiquez l'autocompassion**
    - Faites preuve de bienveillance envers vous-même. Dites-vous : *"Il est normal que cette vérité soit difficile à accepter. Je prends le temps dont j'ai besoin."*

6. **Cherchez des preuves objectives**
    - Si vous doutez de la réalité, appuyez-vous sur des faits concrets ou demandez à des personnes de confiance de vous aider à clarifier la situation.

7. **Projetez-vous dans un avenir libéré**
    - Imaginez comment votre vie pourrait être différente et plus apaisée une fois la vérité acceptée. Utilisez cette vision comme une motivation pour avancer.

**Inspiration Finale**

Le déni est un refuge, un abri temporaire qui vous protège des tempêtes émotionnelles les plus violentes. Mais il ne peut être un domicile permanent. En apprenant à en sortir avec douceur et courage, vous ouvrez la porte à la guérison, à la résilience et à la croissance. Affronter la réalité peut être difficile, mais c'est aussi un acte de liberté. Rappelez-vous : ce n'est pas la douleur qui vous définit, mais la manière dont vous choisissez de la traverser.

**Même si vous ne le lisez pas, partagez-le !**
Aurore Zanetti

# La Valse des Émotions

**Même si vous ne le lisez pas, partagez-le !**
Aurore Zanetti

Quand vous ressentez de la honte.

La honte est un voile qui cache notre lumière, mais en affrontant ce qui nous pèse, nous retrouvons notre éclat et notre liberté.

**Même si vous ne le lisez pas, partagez-le !**
Aurore Zanetti

Cette parole inspirante offre une perspective transformatrice sur la honte, une émotion souvent perçue comme écrasante et paralysante. Elle met en lumière le fait que la honte, bien qu'elle semble obscurcir notre valeur personnelle, n'est qu'un voile temporaire, et que la clé pour retrouver notre véritable lumière réside dans le courage de la confrontation et de la libération.

**Analyse globale**

- *La honte est un voile* : La honte agit comme une barrière émotionnelle et mentale, nous empêchant de nous voir nous-mêmes sous un jour positif.

- *Qui cache notre lumière* : Elle occulte nos qualités, nos forces et notre véritable potentiel, renforçant une perception négative de soi.

- *En affrontant ce qui nous pèse* : Cela fait référence au processus de reconnaissance et d'acceptation des éléments qui déclenchent la honte, souvent des erreurs, des échecs ou des jugements sociaux.

- *Nous retrouvons notre éclat et notre liberté* : En affrontant la honte, nous transformons cette énergie négative en une force de résilience, nous reconnectant à notre valeur intrinsèque et retrouvant une vie authentique.

**Analyse psychologique**

- *Le poids de la honte* : Elle entraîne souvent un repli sur soi, des comportements d'évitement et une perte de confiance en soi.

- *Une barrière à l'authenticité* : La honte pousse à masquer ses vérités personnelles, par peur du rejet ou du jugement, entravant ainsi des relations sincères et épanouies.

- *La libération par la confrontation* : Reconnaître et verbaliser la honte permet de briser son pouvoir, ouvrant la voie à une réconciliation avec soi-même.

**Processus émotionnels et cognitifs**

- *Identification des déclencheurs* : La honte naît souvent de normes sociales ou de croyances personnelles sur ce qui est acceptable ou non. Prendre conscience de ces déclencheurs est la première étape vers la libération.
- *Gestion des émotions* : La honte génère des émotions intenses comme la peur ou la tristesse. Apprendre à les gérer aide à éviter qu'elles ne deviennent écrasantes.
- *Redéfinition de soi* : En affrontant la honte, on redéfinit son identité non pas autour des erreurs ou des jugements passés, mais autour de ses forces et de ses aspirations.

**Conseils Pratiques**

1. **Identifiez l'origine de votre honte**
   - Demandez-vous : "Qu'est-ce qui déclenche cette honte en moi ? Est-ce basé sur des faits ou des perceptions exagérées ?"
2. **Exprimez votre ressenti**
   - Parlez de vos émotions à une personne de confiance ou écrivez dans un journal. Mettre des mots sur la honte aide à la rendre plus tangible et moins écrasante.
3. **Remettez en question vos croyances**

- Examinez si vos sentiments de honte sont liés à des attentes ou à des normes irréalistes. Posez-vous : *"Ces attentes sont-elles vraiment les miennes ou celles des autres ?"*

4. **Faites preuve d'autocompassion**
   - Parlez-vous avec bienveillance, comme vous le feriez avec un ami : *"Il est humain de faire des erreurs. Cela ne définit pas ma valeur."*

5. **Transformez la honte en opportunité d'apprentissage**
   - Identifiez ce que cette expérience peut vous apprendre. Demandez-vous : *"Comment puis-je grandir à partir de cela ?"*

6. **Reconnectez-vous à votre lumière intérieure**
   - Listez vos forces, vos réalisations et ce qui vous rend unique. Cela vous aidera à équilibrer la perception de vous-même.

7. **Cherchez un soutien professionnel si nécessaire**
   - Si la honte persiste ou affecte gravement votre bien-être, un thérapeute peut vous aider à explorer ses racines et à trouver des moyens de la surmonter.

**Inspiration Finale**

La honte, bien qu'elle puisse sembler pesante et insurmontable, n'est qu'un passage sur le chemin de la transformation. En osant affronter ce qui vous pèse, vous retirez le voile qui obscurcit votre lumière intérieure. Chaque étape vers l'acceptation de vous-même est un pas vers une vie plus authentique et plus libre. Rappelez-vous que votre éclat n'est jamais perdu, seulement temporairement voilé, et qu'en embrassant votre vérité, vous retrouverez la force et la sérénité d'être pleinement vous-même.

**Même si vous ne le lisez pas, partagez-le !**
Aurore Zanetti

**Même si vous ne le lisez pas, partagez-le !**
Aurore Zanetti

Quand vous êtes accablé par la culpabilité.

La culpabilité est une voix intérieure qui nous invite à apprendre, pas à nous condamner ; elle devient une alliée quand elle mène à la réparation et non à l'autodestruction.

**Même si vous ne le lisez pas, partagez-le !**
Aurore Zanetti

Cette parole inspirante redéfinit la culpabilité comme une émotion constructive lorsqu'elle est bien comprise et bien utilisée. Elle met en lumière son double potentiel : soit comme un poids écrasant et paralysant, soit comme un guide qui oriente vers la croissance personnelle et la réconciliation avec soi-même et les autres.

**Analyse globale**

- *Une voix intérieure qui nous invite à apprendre* : La culpabilité est une émotion morale qui naît lorsque nos actions ou omissions vont à l'encontre de nos valeurs. Elle sert de signal intérieur pour nous alerter sur un écart à corriger.

- *Pas à nous condamner* : Elle devient nuisible lorsqu'elle se transforme en auto-critique excessive ou en rumination, empêchant toute résolution constructive.

- *Une alliée quand elle mène à la réparation* : En identifiant ce qui doit être corrigé, la culpabilité peut nous motiver à prendre des mesures pour réparer nos erreurs ou améliorer notre comportement.

- *Et non à l'autodestruction* : Laisser la culpabilité dominer notre esprit sans agir nous emprisonne dans un cycle négatif, entravant notre estime de soi et notre capacité à avancer.

**Analyse psychologique**

- *Culpabilité saine vs culpabilité toxique* : La culpabilité saine pousse à l'introspection et au changement, tandis que la culpabilité toxique, souvent amplifiée par des attentes irréalistes ou des pressions externes, peut nuire à notre bien-être mental.

- *Un levier pour la croissance* : Lorsqu'elle est accueillie avec discernement, la culpabilité devient une opportunité de mieux comprendre nos valeurs, d'améliorer nos relations et de renforcer notre responsabilité personnelle.

- *Un frein à l'épanouissement* : Si elle n'est pas gérée, la culpabilité peut engendrer de l'anxiété, du perfectionnisme ou un sentiment de désespoir.

**Processus émotionnels et cognitifs**

- *Identification des valeurs* : La culpabilité indique souvent un conflit entre nos actions et nos principes fondamentaux. Elle nous pousse à clarifier ce qui compte vraiment pour nous.

- *Réparation émotionnelle et relationnelle* : Reconnaître ses torts et agir pour les réparer est un processus qui favorise la guérison et renforce la confiance en soi et en autrui.

- *Réévaluation constructive* : La culpabilité bien utilisée invite à réfléchir sur ce que nous pouvons changer pour mieux aligner nos comportements avec nos aspirations.

**Conseils Pratiques**

1. **Accueillez votre culpabilité avec curiosité**
    - Plutôt que de la rejeter ou de vous laisser submerger, interrogez-vous : *"Pourquoi est-ce que je ressens cela ? Qu'est-ce que cela m'apprend sur mes valeurs ou mes actions ?"*

2. **Faites la distinction entre culpabilité et honte**
    - La culpabilité concerne vos actions ("J'ai fait quelque chose de mal"), tandis que la honte attaque votre identité ("Je suis mauvais"). Adoptez une perspective focalisée sur l'amélioration, pas sur l'autocritique.

3. **Agissez pour réparer**
    - Identifiez des actions concrètes pour rectifier vos erreurs, que ce soit en présentant des excuses sincères, en compensant une faute, ou en modifiant votre comportement.

4. **Lâchez ce qui ne vous appartient pas**
    - Vérifiez si votre culpabilité est légitime. Parfois, elle est le résultat de pressions externes ou de responsabilités injustement assumées. Libérez-vous de ce qui ne relève pas de votre contrôle.

5. **Utilisez la culpabilité pour mieux vous comprendre**
    - Voyez-la comme une boussole morale : *"Quelles valeurs sont importantes pour moi et comment puis-je les honorer davantage ?"*

6. **Pratiquez l'autocompassion**
    - Traitez-vous avec bienveillance. Dites-vous : *"Faire des erreurs est humain. Ce qui compte, c'est ce que je fais pour apprendre et grandir."*

7. **Apprenez à pardonner, y compris à vous-même**
    - La réparation implique aussi de se pardonner. Le pardon personnel est une étape essentielle pour ne pas s'enliser dans une culpabilité paralysante.

**Inspiration Finale**

La culpabilité n'est pas un ennemi à fuir, mais une conseillère à écouter. En l'accueillant avec discernement et bienveillance, vous transformez une émotion lourde en une force motrice pour devenir une meilleure version de vous-même. Rappelez-vous : la véritable liberté ne réside pas dans l'absence d'erreurs, mais dans la capacité à les reconnaître, à les corriger, et à avancer avec plus de sagesse et de compassion.

**Même si vous ne le lisez pas, partagez-le !**
Aurore Zanetti

Quand vous vous sentez stressé.

> Ne laissez pas le stress du moment vous faire renoncer à ce qui a un grand potentiel pour l'avenir.

**Même si vous ne le lisez pas, partagez-le !**
Aurore Zanetti

Cette parole inspirante met en lumière l'impact du stress sur nos décisions et invite à une réflexion sur l'importance de la perspective à long terme. Elle souligne que les pressions immédiates, bien qu'intenses, ne devraient pas éclipser des objectifs ou des opportunités susceptibles d'apporter des bénéfices durables. En s'arrêtant sur cette idée, on comprend que résister au stress du moment est un acte de sagesse et de discipline.

**Analyse globale**

- *Le stress du moment* : Il représente les émotions intenses et accablantes liées aux défis actuels, qu'ils soient professionnels, personnels ou émotionnels.

- *Renoncer à ce qui a un grand potentiel pour l'avenir* : Sous l'effet du stress, on peut prendre des décisions impulsives, abandonner des projets importants ou négliger des opportunités, compromettant ainsi des bénéfices futurs.

- *Un appel à la patience et à la résilience* : Cette parole inspirante invite à adopter une perspective à long terme, en dépassant les émotions immédiates pour se concentrer sur les objectifs et les valeurs essentielles.

**Analyse psychologique**

- *Effet du stress sur la prise de décision* : Le stress active le mode "combat ou fuite", limitant notre capacité à évaluer rationnellement les conséquences à long terme.

- *Risques de l'abandon prématuré* : Les émotions intenses du moment peuvent nous pousser à renoncer à des projets ou des relations qui, avec du temps et des efforts, auraient pu prospérer.

- *Résilience et vision à long terme* : Apprendre à gérer le stress aide à maintenir le cap sur nos aspirations, même lorsque les circonstances actuelles semblent décourageantes.

**Processus émotionnels et cognitifs**

- *Réactivité émotionnelle* : Sous stress, nos décisions sont souvent influencées par la peur ou l'épuisement, au détriment de nos objectifs rationnels.
- *La vision tunnel* : Le stress rétrécit notre champ de perception, nous empêchant de voir les opportunités ou les conséquences positives à long terme.
- *Réflexion stratégique* : Résister au stress et prendre du recul permet de reconnecter avec ses priorités et de trouver des solutions alignées avec ses objectifs.

**Conseils Pratiques**

1. **Prenez une pause avant de décider**
   - Si le stress est intense, accordez-vous du temps pour calmer vos émotions avant de prendre une décision importante. Une simple respiration profonde ou une marche peut aider à clarifier votre esprit.

2. **Visualisez les bénéfices à long terme**
   - Rappelez-vous pourquoi vous avez commencé ce projet ou poursuivi cette relation. Imaginez ce que vous pourriez accomplir ou gagner si vous persévérez.

3. **Identifiez les déclencheurs de stress**
    - Essayez de comprendre ce qui amplifie votre stress : un délai serré, une critique, une peur de l'échec ? Identifier la cause permet de mieux la gérer.

4. **Reformulez le stress comme une opportunité**
    - Voyez les moments de tension comme des occasions d'apprentissage ou de renforcement de votre résilience. Cela vous aidera à recontextualiser vos défis.

5. **Cherchez du soutien**
    - Parlez de votre situation avec un mentor, un ami ou un collègue. Un regard extérieur peut vous aider à évaluer vos choix avec plus de clarté.

6. **Décomposez vos objectifs en étapes gérables**
    - Face à un projet ou un défi qui semble écrasant, divisez-le en petites actions réalisables. Cela réduit le stress et vous permet de progresser à un rythme plus confortable.

7. **Pratiquez la pleine conscience**
    - Ancrez-vous dans le moment présent avec des exercices de méditation ou de respiration. Cela vous aide à éviter de vous laisser submerger par des pensées stressantes et à prendre des décisions plus éclairées.

**Inspiration Finale**

Le stress est un visiteur temporaire, mais vos aspirations et vos rêves ont le pouvoir de durer si vous choisissez de les préserver. Ne laissez pas les pressions du moment éclipser votre vision. Chaque pas, même petit, vers votre futur potentiel est un acte de foi et de courage. Rappelez-vous : le stress est souvent une illusion d'urgence. Ce qui compte vraiment, c'est la constance et la confiance en votre capacité à construire un avenir aligné avec vos rêves.

**Même si vous ne le lisez pas, partagez-le !**
Aurore Zanetti

Quand vous pleurez.

Les larmes sont le langage silencieux de l'âme, des perles de vérité qui nettoient le cœur et libèrent l'esprit.

**Même si vous ne le lisez pas, partagez-le !**
Aurore Zanetti

Cette parole inspirante évoque les larmes comme une expression profonde et universelle des émotions humaines. Elle met en lumière leur rôle purificateur et libérateur, nous rappelant que pleurer est une manière naturelle et saine de gérer les tensions intérieures. Les larmes, bien que souvent associées à la douleur, sont un puissant outil de communication et de guérison.

**Analyse globale**

- *Le langage silencieux de l'âme* : Les larmes expriment des émotions complexes – tristesse, joie, soulagement – sans nécessiter de mots. Elles traduisent ce que l'on ressent au plus profond de soi, au-delà de ce qui peut être articulé verbalement.

- *Des perles de vérité* : Chaque larme porte une authenticité émotionnelle, révélant des sentiments sincères souvent enfouis sous des masques sociaux ou des défenses.

- *Qui nettoient le cœur et libèrent l'esprit* : Les larmes apaisent l'esprit en libérant les tensions accumulées. Elles offrent une sensation de soulagement en permettant au corps et à l'esprit de se reconnecter dans une harmonie émotionnelle.

**Analyse psychologique**

- *La libération émotionnelle* : Pleurer aide à évacuer des émotions refoulées, diminuant ainsi le stress et favorisant une meilleure régulation émotionnelle.

- *Un processus cathartique* : Les larmes permettent de faire face à des situations difficiles, marquant souvent le début d'une guérison ou d'une acceptation.

- *Un pont entre vulnérabilité et force* : Accepter ses larmes, c'est reconnaître sa sensibilité et sa résilience face aux défis de la vie.

**Processus émotionnels et cognitifs**

- *Réduction du stress* : Pleurer déclenche la libération d'hormones du bien-être, comme l'ocytocine, qui apaisent et aident à se sentir mieux après une crise de larmes.
- *Clarification mentale* : Les larmes permettent de libérer l'esprit des pensées encombrantes, favorisant une réflexion plus claire et une prise de décision plus sereine.
- *Renforcement de la connexion sociale* : Les larmes, lorsqu'elles sont partagées, créent des liens émotionnels profonds et renforcent l'empathie entre les individus.

**Conseils Pratiques**

1. **Permettez-vous de pleurer sans culpabilité**
   - Acceptez vos larmes comme une réponse naturelle à vos émotions. Ne les retenez pas par peur de paraître faible, car elles sont une preuve de courage et d'humanité.

2. **Identifiez la source de vos larmes**
   - Prenez un moment pour réfléchir : *"Pourquoi est-ce que je pleure ?"* Est-ce de la tristesse, de la joie, ou un mélange des deux ? Cette prise de conscience peut vous aider à mieux comprendre vos besoins émotionnels.

3. **Exprimez vos émotions après avoir pleuré**
   - Si possible, partagez ce que vous ressentez avec une personne de confiance. Parler après avoir pleuré aide à prolonger l'effet cathartique et à renforcer les liens sociaux.

4. **Créez un environnement propice à la libération émotionnelle**
   - Trouvez un espace calme où vous pouvez vous laisser aller, que ce soit en écoutant de la musique, en regardant un film ou simplement en méditant sur vos émotions.

5. **Considérez les larmes comme un processus de guérison**
   - Lorsque vous pleurez, visualisez que vous libérez des poids émotionnels. Rappelez-vous que chaque larme est une étape vers plus de sérénité.

6. **Évitez de vous juger pour vos larmes**
   - Remplacez des pensées comme *"Je suis trop émotif"* par *"J'accepte mes émotions et leur expression."* Cela renforce votre acceptation de vous-même.

7. **Encouragez l'empathie dans votre entourage**
    - Si quelqu'un pleure, offrez une présence bienveillante et sans jugement. Votre compréhension peut rendre ce moment plus léger et apaisant pour lui.

**Inspiration Finale**

Les larmes ne sont pas un signe de faiblesse, mais un témoignage de votre capacité à ressentir profondément. Chaque goutte est une perle précieuse, porteuse de vérité et de soulagement. Accueillez-les comme un cadeau de votre âme, un rappel que même dans vos moments les plus vulnérables, vous êtes en train de vous libérer et de vous rapprocher d'une paix intérieure. Laissez vos larmes parler là où les mots manquent, et retrouvez votre lumière à travers elles.

**Même si vous ne le lisez pas, partagez-le !**
Aurore Zanetti

Quand les conflits extérieurs vous perturbent.

> Ne laissez pas l'orage des autres perturber la clarté de votre ciel intérieur.

Cette parole inspirante illustre l'importance de protéger son équilibre émotionnel face aux influences extérieures. Elle compare les émotions négatives ou les comportements perturbateurs des autres à un orage, et votre paix intérieure à un ciel clair. Elle nous invite à développer la résilience et à ne pas permettre aux tempêtes d'autrui d'éclipser notre sérénité personnelle.

**Analyse globale**

- *L'orage des autres* : Les conflits, les émotions négatives ou les critiques des autres peuvent se manifester sous forme de colère, de frustration ou de pessimisme, qui risquent de déborder sur notre propre espace émotionnel.

- *La clarté de votre ciel intérieur* : Cela représente votre paix intérieure, votre équilibre émotionnel et votre capacité à rester centré, même face à des influences perturbatrices.

- *Ne laissez pas... perturber* : Cette phrase appelle à prendre du recul et à instaurer des limites émotionnelles pour préserver votre sérénité.

**Analyse psychologique**

- *Empathie excessive et stress* : Être trop perméable aux émotions des autres peut conduire à un épuisement émotionnel, voire à un stress chronique.

- *Perte de contrôle intérieur* : Lorsque nous absorbons l'orage des autres, nous perdons souvent notre capacité à répondre calmement et rationnellement aux situations.

- *Résilience et autonomisation* : En apprenant à protéger son espace intérieur, on développe une résilience émotionnelle et une capacité accrue à gérer les interactions complexes.

**Processus émotionnels et cognitifs**

- *Les neurones miroirs et l'influence émotionnelle* : Nos cerveaux sont câblés pour réagir aux émotions des autres, mais nous avons la capacité de réguler cette réactivité en prenant conscience de ce qui nous appartient ou non.
- *Création de limites saines* : Poser des limites émotionnelles aide à éviter de se laisser submerger par les problèmes ou les drames qui ne sont pas les nôtres.
- *Auto-régulation émotionnelle* : Maintenir la clarté de son ciel intérieur nécessite de cultiver des pratiques qui renforcent la maîtrise de soi et la paix intérieure.

**Conseils Pratiques**

1. **Prenez du recul face aux émotions des autres**
   - Lorsque quelqu'un vous approche avec des émotions négatives, rappelez-vous que ces sentiments lui appartiennent. Vous pouvez offrir votre soutien sans les absorber.

2. **Pratiquez la pleine conscience**
   - Revenez à votre respiration ou concentrez-vous sur le moment présent pour ne pas être emporté par les tempêtes émotionnelles des autres.

3. **Établissez des limites émotionnelles**
   - Apprenez à dire non ou à mettre de la distance quand les attentes ou les comportements des autres menacent votre sérénité.

4. **Rappelez-vous de votre rôle**
    - Vous n'êtes pas responsable de résoudre les problèmes émotionnels des autres. Votre rôle peut être d'écouter, mais pas de porter leur fardeau.

5. **Créez un rituel de recentrage**
    - Si vous ressentez que l'énergie négative des autres vous affecte, prenez un moment pour vous recentrer. Faites une promenade, méditez, ou écrivez vos pensées pour retrouver votre équilibre.

6. **Focalisez sur vos propres émotions**
    - Vérifiez régulièrement comment vous vous sentez. Si une interaction commence à peser sur vous, ajustez votre comportement ou votre posture mentale pour préserver votre sérénité.

7. **Entourez-vous de positivité**
    - Passez du temps avec des personnes qui respectent votre espace intérieur et qui enrichissent votre vie avec bienveillance et authenticité.

**Inspiration Finale**

Votre ciel intérieur est votre refuge, un espace précieux que vous avez le pouvoir de protéger. Les orages des autres, bien qu'inévitables, ne doivent pas devenir les vôtres. En cultivant la maîtrise de vos émotions et en posant des limites claires, vous préservez cette clarté qui vous permet de naviguer avec sérénité à travers les tempêtes de la vie. N'oubliez jamais que le soleil brille toujours au-dessus des nuages, même dans les moments les plus sombres. Vous avez la force de garder votre lumière intacte.

**Même si vous ne le lisez pas, partagez-le !**
Aurore Zanetti

Quand votre esprit s'emballe.

La surinterprétation est un labyrinthe mental où chaque détail devient un mur ; seule la simplicité d'esprit peut en tracer l'issue.

Même si vous ne le lisez pas, partagez-le !
Aurore Zanetti

Cette parole inspirante illustre les dangers de la surinterprétation, qui consiste à attribuer un sens excessif ou erroné aux détails d'une situation. Ce comportement, souvent motivé par l'anxiété ou l'hypervigilance, enferme l'esprit dans une boucle de réflexion stérile. En contrepoint, elle valorise la simplicité d'esprit, non pas comme une naïveté, mais comme une capacité à se libérer des complications inutiles pour retrouver clarté et sérénité.

**Analyse globale**

- *La surinterprétation est un labyrinthe mental* : L'esprit, dans sa quête de compréhension, peut se perdre dans des analyses interminables, amplifiant les incertitudes au lieu de les résoudre.

- *Chaque détail devient un mur* : En accordant trop d'importance à des éléments insignifiants, on crée des obstacles mentaux qui rendent difficile la prise de décision ou la compréhension globale.

- *La simplicité d'esprit peut en tracer l'issue* : La simplicité ici ne signifie pas un manque de réflexion, mais une capacité à discerner l'essentiel, à réduire la complexité et à éviter les pièges du surmenage mental.

**Analyse psychologique**

- *Anxiété et paralysie mentale* : La surinterprétation est souvent liée à l'anxiété, où chaque détail est perçu comme une menace potentielle, ce qui alimente le stress et entrave l'action.

- *Perte de clarté* : En suranalysant, on perd de vue la situation globale, ce qui empêche de trouver des solutions simples et efficaces.

- *Surcharge cognitive* : La multiplication des scénarios et hypothèses épuise les ressources mentales, rendant difficile la prise de décision.

**Processus émotionnels et cognitifs**

- *Biais de surestimation* : La surinterprétation repose souvent sur une amplification des détails ou des conséquences perçues, ce qui déforme la réalité.
- *Hypervigilance* : Elle peut découler d'une peur inconsciente de rater un élément crucial ou d'une tendance perfectionniste.
- *Libération par la simplicité* : Se recentrer sur l'essentiel et lâcher prise sur les détails inutiles permettent de réduire l'anxiété et de retrouver un équilibre mental.

**Conseils Pratiques**

1. **Identifiez les signes de surinterprétation**
   - Posez-vous ces questions : *"Est-ce que je complique cette situation inutilement ? Ai-je tendance à m'attarder sur des détails insignifiants ?"*
2. **Revenez à l'essentiel**
   - Lorsque vous vous sentez perdu dans vos pensées, demandez-vous : *"Quel est le fait principal ici ? Qu'est-ce qui compte vraiment ?"*
3. **Pratiquez la pleine conscience**
   - La méditation ou les exercices de respiration vous aident à calmer l'esprit et à éviter de ruminer sur des scénarios hypothétiques.

4. **Limitez vos hypothèses**
    - Décidez d'un nombre maximum d'options ou d'interprétations à envisager. Par exemple, concentrez-vous sur deux ou trois scénarios probables au lieu de vous noyer dans des dizaines.

5. **Consultez une personne extérieure**
    - Parlez de votre réflexion à une personne de confiance. Un regard extérieur peut souvent aider à simplifier une situation que vous compliquez mentalement.

6. **Fixez des délais pour vos analyses**
    - Si vous devez prendre une décision, fixez une limite de temps pour y réfléchir, afin d'éviter les spirales interminables de réflexion.

7. **Acceptez l'incertitude**
    - Rappelez-vous que tout ne peut pas être compris ou anticipé. Parfois, lâcher prise sur les détails et avancer avec les informations disponibles est la meilleure solution.

**Inspiration Finale**

La surinterprétation est une tentative de contrôle qui finit souvent par nous contrôler. En adoptant la simplicité d'esprit, vous apprenez à faire confiance à votre intuition et à vos capacités de discernement. La clarté naît de votre capacité à distinguer l'essentiel du superflu. Rappelez-vous : ce n'est pas la complexité qui résout les problèmes, mais la capacité à y répondre avec calme, clarté et simplicité.

**Même si vous ne le lisez pas, partagez-le !**
Aurore Zanetti

# L'Éclat de la Bienveillance

**Même si vous ne le lisez pas, partagez-le !**
Aurore Zanetti

Quand vous doutez de l'impact de votre bonté.

La gentillesse est comme une fleur au bord d'un chemin : belle à offrir, mais souvent piétinée par ceux qui ne savent pas en reconnaître la valeur.

Cette parole inspirante explore la nature précieuse, mais parfois vulnérable, de la gentillesse. Elle compare cette qualité humaine à une fleur, délicate et magnifique, mais exposée aux mauvais traitements de ceux qui ne la respectent pas. Elle invite à réfléchir sur la force cachée derrière la gentillesse et sur la manière de préserver sa valeur malgré les éventuels abus.

**Analyse globale**

- *La gentillesse est comme une fleur* : La gentillesse est une qualité qui illumine et adoucit les interactions humaines, tout comme une fleur embellit un paysage. Elle est fragile dans sa simplicité mais puissante dans son impact.

- *Au bord d'un chemin* : Cela symbolise sa disponibilité et sa gratuité. La gentillesse est offerte sans attente particulière, accessible à tous ceux qui croisent son chemin.

- *Souvent piétinée* : Certains abusent de cette gentillesse, la prennent pour de la faiblesse ou la négligent, causant parfois des blessures émotionnelles à ceux qui la pratiquent.

- *Ceux qui ne savent pas en reconnaître la valeur* : Ce sont les individus qui, par ignorance, insensibilité ou égoïsme, sous-estiment l'importance de la gentillesse et manquent de gratitude envers ceux qui la manifestent.

**Analyse psychologique**

- *Les bienfaits de la gentillesse* : Offrir et recevoir de la gentillesse déclenche la production d'hormones du bonheur comme l'ocytocine, favorisant le bien-être et renforçant les liens sociaux.

- *Les blessures de l'ingratitude* : Lorsque la gentillesse n'est pas reconnue ou est exploitée, elle peut engendrer de la frustration, du ressentiment ou une perte de confiance en autrui.

- *La force résiliente de la gentillesse* : Malgré les abus, continuer à être gentil est un acte de courage et de foi en l'humanité. Cela montre une capacité à dépasser les blessures personnelles pour incarner des valeurs profondes.

**Processus émotionnels et cognitifs**

- *La générosité intrinsèque* : Les personnes gentilles agissent souvent par altruisme, trouvant de la satisfaction dans l'acte même de donner sans attendre en retour.

- *La gestion de la déception* : Être confronté à l'ingratitude nécessite une régulation émotionnelle pour éviter de sombrer dans le cynisme ou la méfiance.

- *Renforcer ses limites* : Apprendre à préserver sa gentillesse tout en fixant des limites permet d'éviter l'épuisement ou les abus.

**Conseils Pratiques**

1. **Pratiquez la gentillesse pour vous-même**
    - Offrez-vous la même bienveillance que celle que vous donnez aux autres. Prenez soin de votre bien-être émotionnel pour continuer à cultiver cette qualité sans vous épuiser.
2. **Fixez des limites saines**
    - Apprenez à dire non lorsque c'est nécessaire. La gentillesse ne doit pas se transformer en soumission ou en sacrifice permanent.
3. **Valorisez vos actes de gentillesse**
    - Reconnaissez la beauté de vos gestes, même s'ils ne sont pas toujours appréciés. Leur valeur réside dans l'intention, pas seulement dans la reconnaissance reçue.
4. **Entourez-vous de personnes bienveillantes**
    - Cherchez des relations où votre gentillesse est respectée et réciproque. Cela renforcera votre motivation à rester gentil, sans craindre l'exploitation.
5. **Transformez les blessures en apprentissages**
    - Si votre gentillesse est mal reçue, prenez du recul pour comprendre pourquoi. Cela peut vous aider à adapter votre manière de donner, tout en restant fidèle à vos valeurs.

Même si vous ne le lisez pas, partagez-le !
Aurore Zanetti

6. **Inspirez par l'exemple**
    - En incarnant la gentillesse avec force et discernement, vous montrez à ceux qui vous entourent qu'elle est une qualité précieuse et puissante, et non une faiblesse.
7. **Pratiquez la gratitude envers ceux qui sont gentils avec vous**
    - Reconnaissez et remerciez la gentillesse des autres. Cela nourrit une culture de bienveillance et renforce les connexions humaines.

**Inspiration Finale**

La gentillesse, bien qu'elle puisse sembler fragile face à l'ingratitude, est une force extraordinaire. Elle embellit le monde et témoigne de la grandeur d'âme de ceux qui la pratiquent. Même lorsqu'elle est piétinée, elle peut repousser, comme une fleur résiliente, et continuer à offrir sa beauté. Restez fidèle à votre nature, mais apprenez à protéger votre lumière pour qu'elle continue d'éclairer, même dans les tempêtes.

**Même si vous ne le lisez pas, partagez-le !**
Aurore Zanetti

**Même si vous ne le lisez pas, partagez-le !**
Aurore Zanetti

Quand vous vous sentez incompris.

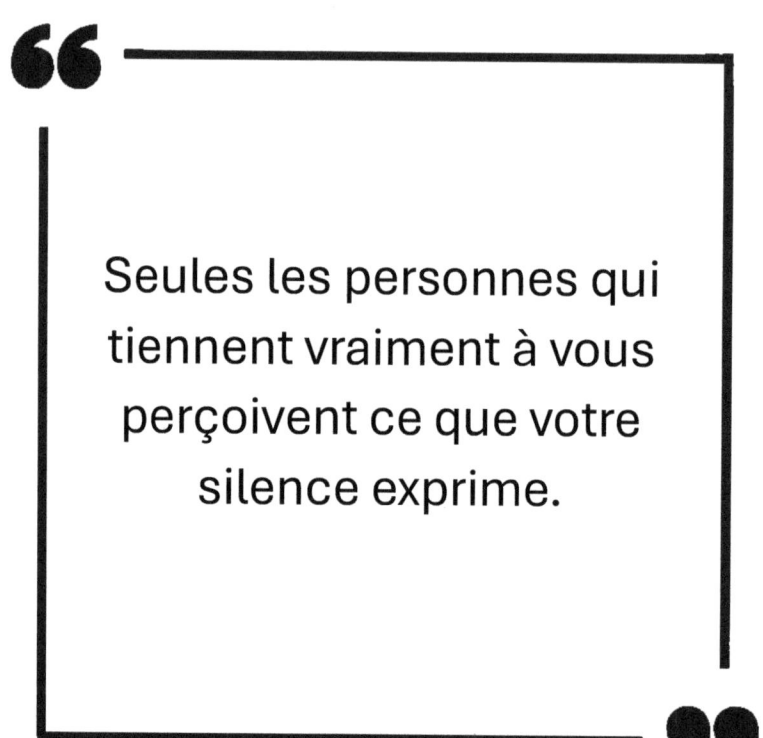

> Seules les personnes qui tiennent vraiment à vous perçoivent ce que votre silence exprime.

Même si vous ne le lisez pas, partagez-le !
Aurore Zanetti

Cette parole inspirante met en lumière la profondeur et la subtilité des relations authentiques. Elle montre que les liens véritablement significatifs transcendent les mots : ils s'appuient sur une compréhension intuitive de l'autre, capable de déceler ce qui est caché derrière les silences. Elle souligne également l'importance de l'empathie et de l'attention dans les relations humaines.

**Analyse globale**

- *Seules les personnes qui tiennent vraiment à vous* : Cette phrase évoque les relations sincères, où l'attachement est basé sur la bienveillance, l'attention et une réelle considération pour l'autre.

- *Perçoivent ce que votre silence exprime* : Le silence, loin d'être un vide, est souvent porteur de messages profonds. Ceux qui vous connaissent vraiment peuvent en comprendre le sens : douleur, fatigue, réflexion, ou même paix intérieure.

**Analyse psychologique**

- *Le silence comme langage émotionnel* : Dans des relations authentiques, les silences ne sont pas perçus comme une absence, mais comme une opportunité de ressentir et de comprendre l'état émotionnel de l'autre.

- *La connexion intuitive* : Les relations profondes permettent de saisir les émotions non dites, grâce à une sensibilité développée au fil du temps.

- *Le besoin d'être compris* : Être reconnu dans son silence renforce un sentiment de sécurité émotionnelle et d'appartenance, des piliers essentiels pour des liens solides.

**Processus émotionnels et cognitifs**

- *L'empathie active* : Ceux qui tiennent à vous investissent un effort émotionnel pour comprendre vos silences, en se connectant à votre vécu et en lisant les signaux subtils.
- *La validation tacite* : Savoir que quelqu'un comprend votre silence sans nécessiter d'explications explicites renforce votre estime de soi et la qualité de la relation.
- *La réciprocité émotionnelle* : Ces interactions silencieuses créent un échange mutuel qui dépasse le besoin de mots, favorisant une connexion profonde.

**Conseils Pratiques**

1. **Entourez-vous de relations authentiques**
   - Cherchez des relations où l'écoute et l'attention sont réciproques, et où vous vous sentez compris même dans vos moments de silence.

2. **Apprenez à lire les silences des autres**
   - Pratiquez l'observation et l'écoute active. Demandez-vous : *"Que pourrait signifier ce silence ? Quelle émotion ou réflexion se cache derrière ?"*

3. **Exprimez votre reconnaissance**
   - Si quelqu'un montre qu'il comprend vos silences, remerciez-le. Cela renforce le lien et montre que vous appréciez sa sensibilité.

4. **Soyez à l'aise avec vos silences**
    - Ne ressentez pas le besoin de remplir chaque vide avec des mots. Les silences partagés dans les relations authentiques sont souvent plus éloquents que des paroles.

5. **Posez des questions bienveillantes**
    - Si quelqu'un que vous aimez est silencieux, ouvrez une porte avec des questions douces comme : *"Est-ce que tout va bien ?"* ou *"Veux-tu en parler ou préfères-tu juste que je sois là ?"*

6. **Développez votre connexion émotionnelle**
    - Passez du temps de qualité avec vos proches pour renforcer votre compréhension mutuelle. Ces moments construisent une intimité qui permet de mieux décoder les silences.

7. **Pratiquez la patience**
    - Ne forcez pas l'autre à parler si son silence est une manière de se recentrer ou de gérer ses émotions. Respectez ce temps comme un espace personnel.

**Inspiration Finale**

Les silences sont souvent plus riches que les mots, car ils révèlent ce qui ne peut être exprimé directement. Les personnes qui vous aiment vraiment n'ont pas besoin d'explications interminables : elles vous perçoivent au-delà de vos paroles, captant l'essence de vos émotions et de vos pensées. Ces liens rares et précieux méritent d'être chéris, car ils sont le reflet d'une véritable connexion humaine. Cultivez ces relations, et laissez vos silences devenir une langue que seuls les cœurs sincères peuvent comprendre.

**Même si vous ne le lisez pas, partagez-le !**
Aurore Zanetti

**Même si vous ne le lisez pas, partagez-le !**
Aurore Zanetti

# L'Équilibre du Don

**Même si vous ne le lisez pas, partagez-le !**
Aurore Zanetti

Quand vous êtes atteint par syndrome du sauveur.

S'épuiser à réparer les vies des autres, en oubliant que la vôtre mérite d'être préservée. C'est confondre l'envie d'aider avec le besoin de se sacrifier, jusqu'à se perdre dans des combats qui ne vous appartiennent pas.

Même si vous ne le lisez pas, partagez-le !
Aurore Zanetti

Cette parole inspirante met en lumière un dilemme fréquent chez les personnes profondément altruistes : le désir d'aider les autres au point de s'oublier soi-même. Elle souligne que cette attitude, bien qu'animée par de nobles intentions, peut entraîner un épuisement émotionnel, voire une perte d'identité. Elle invite à une réflexion sur les limites entre l'aide bienveillante et le sacrifice personnel.

**Analyse globale**

- *S'épuiser à réparer les vies des autres* : Cette phrase décrit une implication excessive dans les problèmes d'autrui, au point d'en négliger son propre bien-être.

- *Votre vie mérite d'être préservée* : Elle rappelle que l'énergie que l'on consacre aux autres ne doit pas se faire au détriment de sa propre santé mentale, physique ou émotionnelle.

- *Confondre l'envie d'aider avec le besoin de se sacrifier* : L'envie d'aider est saine et constructive, tandis que le besoin de se sacrifier peut masquer une dépendance émotionnelle ou une quête inconsciente de validation.

- *Des combats qui ne vous appartiennent pas* : Prendre sur soi les luttes des autres peut détourner de ses propres objectifs et entraîner une surcharge émotionnelle inutile.

**Analyse psychologique**

- *Epuisement émotionnel et physique* : Se concentrer uniquement sur les besoins des autres conduit souvent à un burnout, diminuant la capacité à aider efficacement sur le long terme.

- *Perte de soi* : En mettant les autres constamment en priorité, on risque de perdre de vue ses propres aspirations et de diluer son identité.

- *Frustration et déséquilibre relationnel* : Ce déséquilibre peut engendrer des relations où l'un donne beaucoup sans recevoir en retour, renforçant un sentiment d'injustice ou de vide.

**Processus émotionnels et cognitifs**

- *La recherche de validation* : Le besoin de se sacrifier peut parfois découler d'une quête inconsciente de reconnaissance ou d'un sentiment d'obligation excessive envers autrui.

- *Le syndrome du sauveur* : Cette tendance pousse à vouloir résoudre tous les problèmes des autres, souvent au détriment de ses propres besoins.

- *La difficulté à poser des limites* : Ceux qui s'épuisent pour les autres ont souvent du mal à dire non, par peur de décevoir ou de paraître égoïstes.

**Conseils Pratiques**

1. **Reconnaissez vos limites**
    - Acceptez que vous ne pouvez pas tout résoudre. Identifiez ce qui est réaliste pour vous en termes de soutien à apporter.

2. **Apprenez à dire non sans culpabilité**
    - Refuser d'aider dans certaines situations ne fait pas de vous une mauvaise personne. Dites : *"Je veux t'aider, mais je dois d'abord prendre soin de moi pour être vraiment efficace."*
3. **Fixez des priorités personnelles**
    - Faites une liste de vos besoins, objectifs et aspirations. Assurez-vous qu'ils ne soient pas continuellement repoussés pour satisfaire ceux des autres.
4. **Aidez sans vous perdre**
    - Soutenez les autres en les encourageant à trouver leurs propres solutions, plutôt que de toujours intervenir directement. Cela les responsabilise et allège votre charge.
5. **Pratiquez l'autocompassion**
    - Traitez-vous avec la même gentillesse et la même attention que vous offrez aux autres. Prenez du temps pour recharger vos batteries émotionnelles.
6. **Entourez-vous de relations équilibrées**
    - Cherchez des interactions où l'échange est mutuel et nourrissant, plutôt qu'unilatéral. Cela vous aidera à maintenir un équilibre émotionnel.

7. **Consultez un professionnel si nécessaire**
    - Si vous sentez que votre besoin d'aider est devenu une source de souffrance, un thérapeute peut vous aider à comprendre et à ajuster cette dynamique.

**Inspiration Finale**

Être là pour les autres est une qualité précieuse, mais elle ne doit jamais se faire au détriment de votre propre bien-être. Rappelez-vous que vous êtes tout aussi digne de soin et d'attention que ceux que vous aidez. Trouver l'équilibre entre altruisme et préservation personnelle est un acte d'amour pour soi et pour les autres, car une lumière qui s'éteint ne peut plus éclairer ceux qui en ont besoin. Cultivez votre propre flamme, pour mieux illuminer le chemin de ceux que vous souhaitez aider.

**Même si vous ne le lisez pas, partagez-le !**
Aurore Zanetti

Quand tout devient pesant.

Ce n'est pas la quantité de tâches qui épuise, mais le fait de devoir toujours penser à tout pour tout le monde.

**Même si vous ne le lisez pas, partagez-le !**
Aurore Zanetti

Cette parole inspirante met en lumière une forme d'épuisement mental souvent méconnue mais répandue : la surcharge cognitive. Ce phénomène, parfois appelé *charge mentale*, affecte particulièrement les personnes qui se sentent responsables de tout anticiper, organiser et gérer pour elles-mêmes et pour les autres. Ce n'est pas tant l'effort physique qui épuise, mais la constante sollicitation mentale, qui laisse peu d'espace pour le repos ou le bien-être.

**Analyse globale**

- *Ce n'est pas la quantité de tâches qui épuise* : Les activités en elles-mêmes, même nombreuses, peuvent être gérables si elles sont réparties équitablement et accompagnées d'une planification claire.

- *Devoir toujours penser à tout pour tout le monde* : L'épuisement provient de la nécessité de porter une charge invisible : prévoir, coordonner, se souvenir des détails, et répondre aux attentes des autres. Cette responsabilité devient accablante lorsqu'elle n'est pas partagée ou reconnue.

**Analyse psychologique**

- *La charge mentale* : Ce phénomène est particulièrement fréquent chez les personnes qui jouent un rôle central dans l'organisation de leur foyer, de leur équipe ou de leur cercle social. Cette pression constante peut entraîner du stress chronique.

- *Sentiment d'injustice* : Le manque de reconnaissance ou de partage équitable des responsabilités peut générer de la frustration, voire du ressentiment.

- *Épuisement émotionnel et cognitif* : Lorsque l'esprit est continuellement sollicité, il devient difficile de se détendre, même pendant les moments de repos.

**Processus émotionnels et cognitifs**

- *Hypervigilance mentale* : Anticiper les besoins des autres et coordonner des tâches en permanence maintient le cerveau en état d'alerte, ce qui épuise les ressources cognitives.
- *Dissonance émotionnelle* : Le fait de toujours "penser pour tout le monde" peut créer un décalage entre les besoins personnels et les attentes extérieures.
- *Manque de délégation* : Souvent, les personnes surchargées mentalement n'osent pas demander de l'aide ou déléguer, par peur de paraître faibles ou incompétentes.

**Conseils Pratiques**

1. **Faites un état des lieux de votre charge mentale**
   - Notez tout ce que vous anticipez ou gérez pour vous et pour les autres. Cette prise de conscience est la première étape pour alléger ce poids.

2. **Apprenez à déléguer**
    - Partagez les responsabilités avec votre entourage. Par exemple, répartissez les tâches ménagères ou professionnelles de manière équitable et définissez clairement les rôles.
3. **Pratiquez la communication assertive**
    - Exprimez vos besoins et vos limites sans culpabilité. Dites par exemple : *"Je ressens le besoin que certaines responsabilités soient partagées pour que je puisse souffler."*
4. **Priorisez vos tâches**
    - Identifiez ce qui est réellement important et ce qui peut attendre. Acceptez que tout n'a pas besoin d'être fait parfaitement ou immédiatement.
5. **Créez des moments de déconnexion mentale**
    - Accordez-vous des pauses régulières où vous n'avez pas à penser à des responsabilités. La méditation, les promenades ou la lecture peuvent aider à libérer l'esprit.
6. **Impliquez les autres dans l'organisation**
    - Plutôt que de tout planifier seul(e), organisez des discussions collectives pour répartir les rôles et partager les décisions.

7. **Recherchez du soutien extérieur si nécessaire**
    - Si la charge mentale devient écrasante, consultez un thérapeute ou rejoignez des groupes de soutien pour partager vos expériences et obtenir des conseils.

**Inspiration Finale**

La charge mentale est souvent invisible, mais ses effets sont bien réels. En apprenant à partager les responsabilités, à poser des limites et à cultiver des moments de repos pour vous-même, vous reprenez le contrôle sur votre énergie mentale et émotionnelle. Rappelez-vous : penser à tout pour tout le monde ne doit pas vous faire oublier que vous aussi avez besoin de soin et d'attention. Votre bien-être mérite d'être une priorité, car un esprit allégé est un esprit capable d'avancer avec clarté et sérénité.

**Même si vous ne le lisez pas, partagez-le !**
Aurore Zanetti

Quand vous ressentez la pression des attentes extérieures.

Faites ce qui vous rend heureux : ignorez les regards et les attentes des autres, car votre vie n'appartient qu'à vous et le choix de la vivre est entre vos mains.

Même si vous ne le lisez pas, partagez-le !
Aurore Zanetti

Cette parole inspirante met en avant la nécessité de vivre une vie authentique et alignée avec ses propres aspirations, en se détachant des pressions extérieures. Elle invite à embrasser la liberté de choix et à ignorer le poids des jugements et des attentes, qui peuvent freiner l'épanouissement personnel.

**Analyse globale**

- *Faites ce qui vous rend heureux* : Le bonheur authentique réside dans les choix qui nourrissent vos aspirations profondes, et non dans la conformité à des normes sociales ou des désirs imposés par les autres.

- *Ignorez les regards et les attentes des autres* : Cette phrase appelle à se libérer du regard extérieur, souvent source de jugements ou de comparaisons, pour s'ancrer dans ses propres besoins et valeurs.

- *Votre vie n'appartient qu'à vous* : Elle souligne que chaque individu est le maître de sa destinée, et que personne d'autre ne peut dicter la manière dont il doit vivre.

- *Le choix de la vivre est entre vos mains* : Ce passage rappelle que l'épanouissement repose sur des décisions conscientes, où vous reprenez le pouvoir sur votre trajectoire de vie.

**Analyse psychologique**

- *La recherche d'approbation* : Se conformer aux attentes des autres est souvent lié à une peur du rejet ou du jugement, mais cela peut entraîner une perte d'identité.

- *La construction d'une vie alignée* : En choisissant de vivre pour soi-même, on développe un sentiment d'autonomie et de satisfaction durable.

- *Le poids des normes sociales* : Ignorer les attentes extérieures permet de se libérer des standards imposés et de se recentrer sur ce qui procure un bonheur véritable.

**Processus émotionnels et cognitifs**

- *L'auto-affirmation* : Décider de vivre selon ses propres termes renforce la confiance en soi et l'estime de soi.
- *La gestion du regard extérieur* : Apprendre à ignorer les jugements nécessite une capacité à relativiser et à ne pas internaliser les critiques.
- *La conscience de ses désirs* : Identifier ce qui nous rend heureux implique une introspection pour distinguer les envies réelles des influences extérieures.

**Conseils Pratiques**

1. **Identifiez vos sources de bonheur authentique**
   - Prenez du temps pour réfléchir à ce qui vous rend profondément heureux, indépendamment des attentes extérieures. Notez vos passions, vos rêves et vos objectifs personnels.

2. **Relativisez le regard des autres**
    - Rappelez-vous que chaque personne a ses propres filtres et perceptions. Ce que les autres pensent de vous reflète plus leurs propres insécurités ou attentes que votre réalité.
3. **Posez des limites claires**
    - Si quelqu'un tente d'imposer ses attentes sur vous, exprimez calmement vos choix. Par exemple : *"Je comprends ton point de vue, mais c'est important pour moi de suivre mon propre chemin."*
4. **Développez votre confiance en vos choix**
    - Prenez des décisions en accord avec vos valeurs, même si elles suscitent des désaccords. Plus vous faites confiance à vos choix, moins vous serez affecté par les opinions des autres.
5. **Pratiquez le détachement émotionnel**
    - Entraînez-vous à ne pas vous laisser submerger par les critiques ou les louanges. Visualisez ces commentaires comme des nuages qui passent sans altérer votre ciel intérieur.
6. **Entourez-vous de soutien positif**
    - Passez du temps avec des personnes qui respectent vos choix et vous encouragent à poursuivre ce qui vous rend heureux.

7. **Célébrez vos victoires personnelles**
    - Chaque fois que vous prenez une décision alignée avec vos aspirations, célébrez cet acte de courage. Cela renforce votre autonomie émotionnelle.

**Inspiration Finale**

Votre vie est une toile sur laquelle vous avez le droit de peindre ce que vous souhaitez, sans craindre les critiques ou les attentes des spectateurs. Chaque choix aligné avec votre bonheur est un acte de courage et de liberté. En vivant pour vous-même, vous devenez l'auteur d'une vie authentique et épanouissante. Souvenez-vous : le vrai bonheur ne vient pas de l'approbation des autres, mais de la paix intérieure que procure une vie en accord avec vos rêves et vos valeurs.

**Même si vous ne le lisez pas, partagez-le !**
Aurore Zanetti

**Même si vous ne le lisez pas, partagez-le !**
Aurore Zanetti

> Même si vous ne l'avez pas lu, partagez-le !

Même si vous ne le lisez pas, partagez-le !
Aurore Zanetti

**Même si vous ne le lisez pas, partagez-le !**
Aurore Zanetti